Pygiana
ac
Obsesiynau
Eraill

D1135804

Pygiana
ac
Obsesiynau
Eraill

Mihangel Morgan

Argraffiad cyntaf: 2013

© Hawlfraint Mihangel Morgan a'r Lolfa Cyf., 2013

*Mae hawlfraint ar gynnwys y llyfr hwn ac mae'n anghyfreithlon
i lungopïo neu atgynhyrchu unrhyw ran ohono trwy unrhyw ddull
ac at unrhyw bwrpas (ar wahân i adolygu) heb gytundeb ysgrifenedig
y cyhoeddwyr ymlaen llaw*

Mae rhai o'r ysgrifau hyn wedi gweld golau dydd o'r blaen: 'Truman
Sant Capote' yng nghylchgrawn *Taliesin* ac 'Yr Enwog Weegee' yn
Gweld Sêr, gol. M Wynn Thomas, Gwasg Prifysgol Cymru.

Llun y clawr: Iestyn Hughes
Cynllun y clawr: Y Lolfa

Rhif Llyfr Rhyngwladol: 978 1 84771 753 5

Dymuna'r cyhoeddwyr gydnabod cymorth ariannol
Cyngor Llyfrau Cymru

Cyhoeddwyd ac argraffwyd yng Nghymru
ar bapur o goedwigoedd cynaladwy gan
Y Lolfa Cyf., Talybont, Ceredigion SY24 5HE
e-bost ylolfa@ylolfa.com
gwefan www.ylolfa.com
ffôn 01970 832 304
ffacs 01970 832 782

Cynnwys

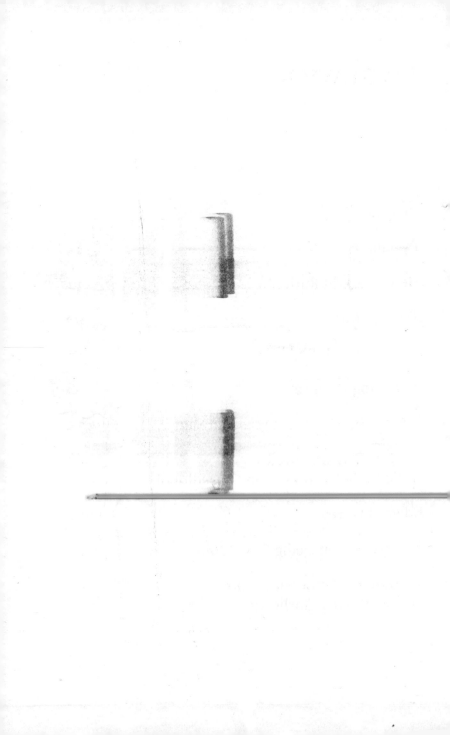

Rhagair

'NID YW PAWB yn gwirioni'r un fath', meddai T H Parry-Williams yn ei gerdd am Dic Aberdaron, y gŵr a wirionodd ar ieithoedd a chathod. Ond geiriau mam Parry-Williams yw'r rhain yn wreiddiol, fel y datgelodd yn ei ysgrif 'Y Flwyddyn Honno'; arferai hithau ddweud 'Nid yw pawb yn wirion yr un fath' pan fyddai un o'r teulu'n gwneud rhywbeth ffôl neu ddisynnwyr. Gellid tybio bod y gair *gwirion(i)* wedi newid ei ystyr yn sylweddol dros amser. Er ei fod yn dynodi *gwirio, profi*, gan ei fod yn tarddu o'r un gwreiddyn â *gwir, gwirio, gwirionedd* ac yn y blaen, mae'n bosibl olrhain *gwirion* sydd yn gyfystyr â *diniwed, dieuog, glân, pur*, yn ogystal ag *ynfyd, ffôl, annoeth* yn ôl i'r bymthegfed ganrif. I fam T H Parry-Williams, roedd gwirioni yn golygu *ffoli, dwlu*. Ond nid ffoli ar ieithoedd a chathod yn gymwys a wnaeth Dic Aberdaron eithr dotio arnynt, gwynfydu ynddynt ac ymgolli ynddynt. Mewn geiriau eraill, roeddynt yn obsesiynau iddo. Mae modd dadlau, felly, fod peth gwirionedd i'w gael mewn gwirioni ar rywbeth a bod ag obsesiwn yn ei gylch, a bod ffolineb yn perthyn iddo hefyd er bod y cyfan yn ddigon diniwed.

Wrth gyflwyno'r ysgrifau hyn ar rai o'm hobsesiynau personol mae sawl pryder yn fy mhoeni. Fy mhrif ofn yw y byddaf yn debyg i'r gŵr hwnnw sy'n cornelu pob un ohonom yn ein tro mewn parti, gan ein llethu am awr a hanner â'i ddiddordeb angerddol a'i wybodaeth fanwl am... rwy'n oedi yma cyn cynnig enghraifft; wedi'r cyfan, rhaid cofio, er yn wermod i mi, efallai fod ei drenau, neu ei adar, neu ei rygbi, neu ei bêl-droed, neu ei Fanic Street Preachers, yn fêl iddo ef. A pha hawl sydd gyda fi i obeithio y caiff rhywun arall yr un blas melys ar y pethau sy'n mynd â'm bryd i? Wrth gwrs, mae terfyn i'n cydymdeimlad. Er enghraifft, gallai Ed Wood Jr, cyfarwyddwr ffilmiau ofnadwy fel *Plan 9 from Outer Space*, siarad am siwmperi *angora* am oriau. Gobeithio na fydd yr ysgrifau hyn yn gymaint o dreth ar amynedd ac ewyllys da â hynny.

Beth sy'n gyffredin rhwng yr ysgrifau hyn sy'n bryder arall. Hyd y gwelaf, prin yw'r themâu sy'n eu huno. Oes, mae peth tebygrwydd i'w weld rhwng y casgliad o bygiau a chathod Siämaidd, ac artistiaid cerameg yw Phil Rogers a Catrin Howell, er mor annhebyg eu gwaith. Wedi dweud hyn, at ei gilydd does dim sy'n cysylltu'r amrywiaeth fechan o destunau yma ar wahân i'r ffaith iddynt ddigwydd croesi drwy f'ymwybyddiaeth bersonol i.

Wrth lunio'r ysgrifau fe wawriodd arnaf fod yma broses o archwilio ar y gweill. Sylweddolais, er mor od a phenodol oedd rhai o'r testunau (Gorey, cathod Siämaidd), nad chwilod unig yn fy mhen i mohonynt, eithr bod arwyddocâd ehangach i bob un a bod yr un chwilod yn crafu ym mhennau eraill. Byddai fy nghasgliad o bygiau yn edrych yn gymedrol, os nad yn fychan, ochr yn ochr ag un Blanche Roberts, ac mae toreth o weithiau gan lenorion, cyfansoddwyr a pheintwyr mwyaf y byd am gathod Siämaidd. Yn wir, ym mhob achos, roeddwn i'n perthyn i gymdeithas estynedig a rhyngwladol, hyd yn oed, o bobl oedd wedi gwirioni yn union yr un fath â mi. Nid yw pygiau na darluniau Gorey na ffilmiau Hitchcock nac arysgrifau David Jones yn bodoli mewn gwagle; maen nhw'n tarddu o rwydwaith o gysylltiadau hanesyddol a diwylliannol sy'n dal i ymestyn, gan gyffwrdd â bywydau llawer o bobl. Ond, yn y bôn, proses o archwilio'r profiad o wirioni sydd yma. Er nad ydym i gyd yn gwirioni'r un fath, nac ar yr un pethau, ymhlyg yn y cyflwr o wirioni ceir elfen gref o angerdd.

Peth tebyg i ymserchu yw gwirioni. Er mor ddiflas yw trenau/adar/rygbi/pêl-droed/Manic Street Preachers y gŵr sy'n ein cornelu yn y parti, rhaid inni edmygu ei frwdfrydedd. Mae gwirioni ar rywbeth yn debyg i gwympo mewn cariad â'r peth hwnnw; yn wir, efallai, y dywedai rhai seicolegwyr fod obsesiynau yn ffurf ar garwriaeth ddirprwyol, neu eu bod yn cymryd lle rhywioldeb mewn bywyd a fyddai, fel arall, yn wag. Ond, pe bai'r seicolegydd yn asesu gwirioni yn y termau yna, onid yw'n syml yn ategu'r farn fod pob diddordeb ysol yn rhywbeth nad yw o ddiddordeb i nyni yn ffôl, yn ynfyd, yn wirion? Ffordd arall o ddweud taw pobl eraill sy'n gwirioni yw hyn; nid yw ein diddordeb (call) personol ni yn y Manic Street Preachers, mewn rygbi, pêl-droed, adar, trenau neu bygiau byth yn ffôl nac yn wirion. Wrth gwrs, rydym yn barod i gydnabod mewn ffordd ysgafn, 'Dwi wedi dwlu/gwirioni ar ffilmiau Hitchcock/cathod Siämaidd/trenau/rygbi', gan feddwl yn dawel bach ar yr un pryd, 'Ydw, ond rydw i'n ei gadw dan reolaeth'. Pobl eraill, ymwelwyr â'n cartref sy'n gweld ein casgliad o fodelau o bygiau fel rhywbeth dros ben llestri, fel arwydd o wallgofrwydd, fel peth gwirion. Ond i ni mae'n gartref. Mae pob gwirioni yn gartref i'r sawl sy'n ymgartrefu ynddo.

Ond pan fo'r gwirioni yn un cyffredin, a llawer yn ei rannu, nid yw'n cael ei weld fel ffolineb o gwbl. Dyna pam y dewisais rygbi a phêl-droed yn enghreifftiau. Pan ddaw hi'n adeg Cwpan y Byd, neu'n ornest y Chwe Gwlad, neu'r Gemau Olympaidd, yr hyn sy'n digwydd yw bod y wlad, yn wir sawl gwlad, os nad y byd i gyd, yn gwirioni heb i neb ei weld fel peth od. Os nad ydym wedi cyd-wirioni ar y pethau hyn, yna, unwaith yn rhagor, nyni sy'n od. Dim ots – fe'n gorfodir i wirioni fel pob un arall gan y papurau, y teledu, y radio a phob dull electronig posibl. Dyma'r gŵr sy'n ein cornelu yn y parti ar raddfa genedlaethol a rhyngwladol hyd yn oed. O leiaf dyna'r argraff i ni sydd ddim yn rhannu'r un diddordeb yn y medalau aur, y Goron Driphlyg neu'r jiwbilî diweddaraf. Nid yw angerdd poblogaidd yn wirion o gwbl. Bod â'r un angerdd am rywbeth anghyffredin (pygiau, cathod Siämaidd, lluniau Weegee) sy'n od, yn wirion, yn ecsentrig (er na fyddwn i byth yn defnyddio'r label yna i ddisgrifio fi fy hun).

Ystyrir yr ecsentrig – hynny yw, y sawl sy'n gwirioni ar rywbeth anghyffredin yn hytrach na rhywbeth cyffredin a phoblogaidd – gan bobl eraill fel rhywun anhapus (*sad* yw'r term dirmygus amdano yn Saesneg ac nid yw 'trist' yn cyfleu'r un feirniadaeth ddilornus). Mae ei fywyd cymdeithasol yn anghyflawn ac mae'n *nerd* neu'n *geek*, ac fe'i darlunnir fel y *Comic Book Guy* yn y Simpsons, fel un sy'n byw ar fwydydd afiach ac yn gwastraffu ei fywyd. Ond nid yw pawb, hyd yn oed seicolegwyr, yn cytuno â'r delweddau ystrydebol hyn. Yn eu llyfr *Eccentrics* (1995) dywed David Weeks a Jamie James, 'The eccentric project was the most cheerful research any psychologist ever undertook. With few exceptions, the subjects in the study were happy, even joyful people, and their joy was infectious.'

Yn y bennod olaf yn eu llyfr, dan y teitl 'Eccentricity and Health', maen nhw'n mynd ymlaen i ddatgan, 'Moreover, eccentrics have more to be happy about: the single quality most often associated with happiness in the popular mind is good health, and there is ample evidence that eccentrics are healthier and live longer than the rest of us.'

Yn eu hastudiaeth hanesyddol o enghreifftiau o bobl ecsentrig sy'n rhychwantu'r blynyddoedd rhwng 1551 ac 1950, canfuwyd eu bod wedi byw hyd at eu trigain oed a thu hwnt i hynny, mewn cyfnod pan oedd pobl yn lwcus i gyrraedd eu pymtheg ar hugain. Yn rhyfedd iawn, er iddo dreulio'i oes fel crwydryn, bu farw Dic Aberdaron yn 63 oed yn 1843. Ategir hyn gan ecsentrigion enwocaf Cymru: Iolo Morganwg, a fu farw yn 78 oed, a'r Dr William Price, a oedd yn 92 oed pan fu farw yn 1893.

Yn syml, mae Weeks a James yn priodoli iechyd da pobl ecsentrig i'w hapusrwydd: 'Eccentrics, however, are largely immune to the physiological toll of stress, because they do not feel the need to conform, and typically are not concerned about how the rest of the world views them.' Ac maen nhw'n gweld cysylltiad cryf rhwng ecsentrigrwydd a chreadigrwydd: 'The creativity of eccentrics feeds their insatiable curiosity with new and ever more fascinating questions.' Dyma, efallai, sy'n sylfaen i'r obsesiynau neu'r gwirioniadau yn yr ysgrifau hyn, er y byddwn i'n brysio i bwysleisio eto nad wyf yn gweld fy hunan fel person ecsentrig o gwbl.

Beth bynnag, onid yw pob gwiriondeb yn dweud rhywbeth am y sawl a gyfrifir yn wirion? Wedi'r cyfan, onid yw pob gwiriondeb yn oddrychol ac yn bersonol yn y bôn, boed yn gyffredin (pêl-droed) neu'n anghyffredin (pygiau)? Felly, myfyrdod personol ac nid beirniadaeth gelfyddydol academaidd sydd yma, a does dim ymgais yn yr ysgrifau hyn i ychwanegu at astudiaethau diwylliannol; eithr wrth ddadansoddi f'obsesiynau fy hun, efallai, y byddaf yn dod i ddeall eu swyn, i mi yn bersonol, yn well ac, wrth eu trafod a'u rhannu, yn anochel ond yn anfwriadol byddaf yn datgelu rhywbeth amdanaf i fy hun.

Nid yw'n fwriad gennyf i ysgrifennu hunangofiant nac atgofion byth – pwy fyddai'n dymuno darllen am fy mywyd anniddorol i? – ond mae pob casgliad, pob darn o waith celf sydd wedi fy hudo, ambell ffilm a sawl ffotograffydd a llenor sydd wedi fy nghyfareddu, yn rhan o hanes fy mywyd. Dywedodd Elizabeth von Arnim stori ei bywyd, nid mewn peth mor ddi-chwaeth â hunangofiant, eithr wrth fynd heibio a hithau'n sôn am ei chŵn yn *All the Dogs of My Life* (1936). Ac mae hynny'n mynd â'r meddwl yn ôl at ysgrifau T H Parry-Williams unwaith yn rhagor. Er gwaethaf yr holl sôn am ei fro a Thŷ'r Ysgol, a'i ddiddordebau mewn beiciau modur a cheir, faint o hanes ei fywyd ei hun sy'n cael ei ddatguddio yn uniongyrchol, ac yn agored, yn ei ysgrifau? Nemor ddim. Eto i gyd, hanes ei fywyd yw'r ysgrifau, a'r cerddi afraid dweud, nid yn nhermau cofnodi digwyddiadau a ffeithiau, ond down i'w nabod fesul ysgrif, fesul enghraifft o wirioni. Efallai, weithiau, yn hytrach nag osgoi'r dyn sy'n ein cornelu yn y parti, y talai inni gymryd diddordeb yn ei ddiddordebau. Wedi'r cyfan, mae'n angerddol yn eu cylch, wedi ymserchu ynddynt, wedi gwirioni arnynt, ac wrth wneud hynny, mae wedi cael modd i fyw.

Pygiana

MAE'R GAIR *PUG*, yr enw Saesneg ar rywogaeth o gi, yn air diddorol iawn. Does neb yn hollol siŵr o'i darddiad a cheir sawl dadl a damcaniaeth yn ei gylch. Yr enw ar yr un brid yn Ffrangeg yw *carlin* a'r enw mewn Almaeneg yw *Mops*. Mae'r gair Saesneg yn wahanol i bob enw arall ar frid o gi yn yr iaith honno; nid yw'n disgrifio swyddogaeth y ci (*terrier, gundog, hound*) nac yn dweud o ble mae'n hanu (*Old English sheepdog, German shepherd dog, Brittany spaniel*), a dyma'r enw byrraf ar unrhyw frid o gi, hyd y gwn i. Yn ôl John F Gordon yn *The Pug* (1973), mae'r gair *pug* i'w gael yn Saesneg er canol yr unfed ganrif ar bymtheg ond ni chafodd ei gysylltu â brid o gi tan 1731, a hynny gan Bailey yn ei *Dictionary*, sy'n dweud 'Pug: a nickname for a monkey or dog'. Mae John Gay, a fu farw yn 1732, yn cyfeirio at y creadur mewn cerdd, ond mae'n bosibl taw am y mwnci mae'n sôn yma:

> Poor Pug was caught, to town conveyed,
> There sold. How envied was his doom,
> Made captive in a lady's room.

Credai Stonehenge (J H Walsh) fod yr enw'n dod o'r Lladin *pugnus*, sy'n golygu 'dwrn', gan fod wyneb y ci yn debyg i ddwrn caeedig. Go brin fod yr esboniad hwnna'n gywir; sut y collwyd y terfyniad '–nus'? Esboniad arall yw fod y gair yn dod o'r enw *puck*, ysbryd direidus fel yr un yn nrama Shakespeare. Dyma'r ddamcaniaeth yr wyf i'n ei ffafrio, yn gam neu'n gymwys, oherwydd mae'r enw *puck* yn dod o'r gair Cymraeg am fwgan bach, sef 'pwca'. Ac mae pygiau yn gŵn bach direidus a chwareus.

Yng Ngeiriadur yr Academi ceir y cofnod hwn am pug: 'ci (cŵn) smwt *m*, corgi (corgwn) (*m*) tarw, pwg (pygiaid)'. Gyda phob parch i olygyddion ardderchog y geiriadur anhepgor hwn nid math ar gi tarw bychan mo'r pwg, fel yr awgrymir yma, eithr ci o waedoliaeth sy'n rhagddyddio'r bwldog o rai canrifoedd o leiaf. Ond mae hanes y pwg, fel ei enw Saesneg, yn ansicr a dadleuol. Yn ôl y rhan fwyaf o lyfrau gellir olrhain ei hanes mor bell yn ôl â 663 CC yn Tsieina. Yn bersonol, nid yw'r cysylltiad hynafol honedig â'r Dwyrain yn fy argyhoeddi. Ni cheir unrhyw ddelweddau na darluniau o gŵn tebyg i bygiau yn y Dwyrain tan y ddeunawfed ganrif. Ar y llaw arall, roedd cŵn o deip tebyg i'r pwg wedi ymddangos mewn gweithiau celf Ewropeaidd ymhell cyn hynny. Darlun gan Pisanello, a fu farw tua 1455, yw'r enghraifft gynharaf o bosib. Ond nid dyma'r lle i fynd i fanylder ynghylch hanes y brid. Sôn y byddaf yma am fy nghasgliad o'r hyn rwyf i'n mynd i'w alw yma yn 'pygiana' (tebyg i Arthuriana a Victoriana, ac yn y blaen).

Prynais y darn cyntaf cyn i mi gael pwg go iawn hyd yn oed. Es i mewn i siop hen gelfi yn Nhrecastell ac yno roedd yna fodel o bwg bach lliw mêl; un o bâr oedd hwn yn wreiddiol ond roedd e wedi colli'i gymar. Fe'i prynais am £12 a dyna (heb yn wybod i mi ar y pryd) ddechrau'r casgliad. Nawr, nid wyf yn un o'r rheini sy'n casglu rhywbeth er mwyn cael rhywbeth i'w gasglu. Rwy'n cofio cymdoges, er enghraifft, a arferai gasglu pob math o fodelau o dylluanod ond ni allai ddweud pam; doedd hi ddim yn arbennig o hoff o dylluanod, hyd yn oed – rhywbeth i'w gasglu oedden nhw. Rhaid i mi fod â rhyw ddiddordeb, rhyw gysylltiad emosiynol neu ddiwylliannol â'r peth a gasglaf. Yn wir, dydw i ddim yn gasglwr fel y cyfryw; does dim diddordeb gyda fi mewn ffurfio casgliad a fyddai, yn y pen draw, yn rhywbeth 'cyflawn' neu'n rhyw fath o archif. Felly, fe ymffurfiodd fy nghasgliad o bygiana ohono'i hun, fel petai, yn sgil fy niddordeb mewn pygiau. Roeddwn yn ymwybodol fy mod i'n mynd i gael ci pwg rywbryd ac fe welais y model yna ymhlith y celfi pin yn Nhrecastell fel rhyw fath o ddirprwy bwg ac yn ddarpar bwg.

Daeth Popi, y pwg go iawn, sef yr eitem

bwysicaf oll yn y casgliad i'm meddiant ar 13 Chwefror 2005, ac wedyn fe dyfodd y casgliad o bygiana o'i chwmpas fel teyrnged iddi. Mewn gwirionedd, ymgais ofer yw hon i gyfiawnhau'r casgliad, ymdrech i beidio ag ymddangos yn gwbl ecsentrig a lled-wallgof. Mae fy awydd i ymddiheuro yn datgelu'r cywilydd a'r euogrwydd a deimlaf ynghylch yr obsesiwn. Y gwir amdani yw hyn: pan welaf unrhyw beth ar ffurf pwg neu a delwedd pwg arno, rhaid i mi ei gael. Ac mae'r amrywiaeth o bethau 'pygaidd' yn ddi-ben-draw, bron. Wedi'r cyfan, bu'r pwg yn gi o fri yn Ewrop ers yr unfed ganrif ar bymtheg. Y pwg oedd dewis gi sawl brenin a brenhines dros y canrifoedd. Mae hyn yn golygu bod delweddau o bygiau yn amrywio o hen bethau gwerthfawr iawn – modelau Meissen a Dresden ac yn y blaen – i'r pethau diweddaraf, mwyaf cyffredin a rhad – cas pensiliau ac wyneb pwg arno, er enghraifft.

Mae yna bobl sydd ddim yn licio cŵn o unrhyw fath, ond o fewn y garfan sydd yn hoff iawn o gŵn mae yna raniad pellach: mae'n gas gan rai ohonynt y pwg, ar y llaw arall mae'r lleill yn dwlu arno. Rydych chi'n perthyn i'r naill garfan neu'r llall, does dim tir canol i'w gael. Mae rhai'n gweld y ci hwn fel creadur anffurfiedig, anffodus o salw ac afiach. Mae'r lleill yn ei weld fel peth bach pert, doniol, llawn asbri. Yn naturiol, dyma'r dosbarth rwyf i'n perthyn iddo. Dywedodd rhywun, os gallwch chi garu pwg, yna fe allwch chi weld harddwch mewn unrhyw beth. Rwy'n amau bod y sawl a ddywedodd hyn yn perthyn i'r Gymdeithas er Casáu Pygiau, ond rwy'n gweld y geiriau fel ffordd bositif o edrych ar bethau.

Un o nodweddion arbennig y brid hwn yw ei agwedd gadarnhaol tuag at y byd, ei *joie de vivre*. Fe'i disgrifir fel *multum in parvo* (mawredd mewn bychander). Nid rhyfedd, felly, fod y rhai hynny ohonom sy'n teimlo bod y cŵn bychain hyn yn cyfoethogi'n bywydau ni yn dymuno cael delweddau a darluniau ohonynt. Mae mabwysiadu pwg, felly, yn aml iawn yn arwain at gasglu pygiana. Roedd gan yr actores Sylvia Sidney (*Sabotage, Summer Wishes, Winter Dreams* a *Mars Attacks!*) gasgliad sylweddol ohonynt, ac roedd gan yr actor Paul Winfield (*Sounder* a'r gyfres deledu *King* lle chwaraeodd ran Martin Luther King, a thrwy gyd-ddigwyddiad *Mars Attacks!*) gasgliad ysblennydd. Cysylltir pygiau â Glyndebourne a'r teulu Christie, a cheir casgliad go sylweddol o bygiana yno. Mae gan Brigid Berlin, yr artist ac un o sêr amlycaf Factory Andy Warhol, gasgliad hynod o gynhwysfawr sy'n llenwi pob twll a chornel o'i fflat yn Efrog Newydd. Ond casglwyr enwocaf pygiana, mae'n debyg, oedd Dug a Duges Windsor. Yn y ffilm (bondigrybwyll) *The King's Speech* dangoswyd y Brenin Edward VIII a Wallis Simpson gyda phygiau, a gwelir modelau o bygiau yn yr ystafell lle darlledodd y brenin ei anerchiad i'r genedl pan ildiodd ei goron. Anghywir! Ni chafodd y Windsors eu pwg cyntaf tan 1950. Mae ffilm Madonna *W.E.* yn gywirach gan ei bod yn dangos y pâr gyda daeargwn Cairn ar ddechrau eu perthynas a chyda phygiau yn eu henaint. Ond mae'n wir iddynt fagu tipyn o obsesiwn am bygiau ac iddynt gywain ynghyd gasgliad enfawr o bygiana gwerthfawr dros y blynyddoedd. Ond nid eu casgliad hwy oedd yr un mwyaf o bell ffordd. Dyma ddisgrifiad Margo Kaufman o gasgliad Blanche Roberts:

The focal point of her living room is the Pug Wall of Glory, a twenty-foot expanse of built in floor-to-ceiling bookcases filled with more than a thousand pug tchotchkes, each carefully fastened down with a sticky wax that is marketed in Los Angeles as Earthquake Putty. The cumulative effect is right out of the Twilight Zone; Dresden pugs, Royal Doulton pugs, Staffordshire pugs, whimsically posed Meissen pugs in all sizes with trademark beauty marks and blue enameled collars punctuated with golden bells. Pugs from China, from Taiwan, even a garishly painted puglike something from Mexico... beer steins with pugs, Toby jugs with pugs, mugs with pugs, amber meerschaum pipes, silver cigarette cases, thimbles with pugs. Hundred-year-old Viennese bronzes of skiing pugs and pugs on an easy chair reading *The New York Times*. Pug bookends, pug piggy banks, pug doorstops, even a pug pocket-watch stand with a hook on the nose and bulging flashlight eyes so you can tell time in the dark. On the sofa, needlepointed pug pillows, of course, and on the wall, old advertisements, illustrations, and paintings... Come Christmas, the tree is festooned with pug ornaments and topped with a pug angel.

Clara, the Early Years, tt.102–3

Pan welodd Blanche Roberts gasgliad Dug a Duges Windsor ar werth gan Sotheby's dywedodd 'It's not the best collection I've ever seen.'

Ie, gall pethau fynd yn rhy bell – fel unrhyw gasgliad. O'i gymharu â'r pwg-addolwyr hyn, digon cymedrol yw fy nghasgliad diymhongar innau. Bob yn ddarn y tyfodd y casgliad.

Ymweld â'm chwaer yr oeddwn i pan ges i sioc o weld ar ei silff-ben-tân fodel o dri phwg henffasiwn yn arddull *fairings*. Ornamentau a wnaed yn yr Almaen i'w gwerthu a'u rhoi yn wobrau rhad mewn ffeiriau oedd y rhain, a dyna esbonio'r enw. Credaf fod y gair am felysion yn y gogledd, fferins, yn rhannu hanes tebyg gan fod melysion yn cael eu rhoi fel gwobrau mewn ffeiriau hefyd. Ar y model hwn mewn llythrennau aur roedd y geiriau 'Gentlemen of the Jury', a'r pygiau'n ymdebygu i hen reithgorwyr wedi diflasu. Roedd yn waith caled ei pherswadio i'w roi i mi ond fe ildiodd yn y diwedd. Rwy'n ddiolchgar iawn oherwydd ni welais y model hwn yn unman arall ers hynny. Bu farw fy chwaer ryw ddwy flynedd ar ôl i mi gael Popi, felly, mae'r darn hwn yn atgof ohoni hi yn ogystal â bod ymhlith y darnau mwyaf anghyffredin yn fy nghasgliad.

Yn Crufts 2006 fe ges i gynhaeaf o bygiau ar y stondinau hen-bethau, ac ar stondin Steve Ribbons yn arbennig. Dyna pryd y cefais fy modelau bach cyntaf gan yr artist cerameg Basil Matthews. Mae ei bygiau bach â'u llygaid mawr 'gwgli' nodweddiadol, sy'n eistedd fel arfer ar glustogau addurnedig, yn rhai prin iawn ac y mae mawr alw amdanynt ymhlith cefnogwyr y brid. Agorodd Basil Matthews 'The Studio' yn Wolverhampton yn 1946 gan gynhyrchu modelau bach o anifeiliaid o bob math a bu yno tan yr wythdegau. Peintiai bob model yn unigol â llaw. Fe ges i un oedd yn sefyll ac un yn eistedd heb glustogau, heb sylweddoli, yn fy niffyg profiad ar y pryd, fod y fersiynau hyn gyda'r rhai prinnaf o'i waith. Ond talais yn ddrud amdanynt hefyd, waeth mae cŵn-garwyr yn tyrru o bob cwr o'r byd i Crufts ac yn ymgiprys â'i gilydd am bethau fel hyn. Erbyn hyn, mae gen i chwech o bygiau Basil Matthews, gan gynnwys pâr cyflawn yn eistedd ar glustogau blodeuog. Ond rwy'n dal i chwilio am un o bygiau duon Basil Matthews.

Ddwywaith y flwyddyn cynhelir ffair hen-bethau ar faes y Sioe Frenhinol yn Llanelwedd. Bu'r ffeiriau hyn yn fodd o chwyddo'r casgliad

Pwg Meissen cyntaf Mihangel Morgan

yn sylweddol dros y blynyddoedd. Teimlwn yn siomedig oni allwn ganfod o leiaf un ychwanegiad newydd yn Llanelwedd. Un tro, fe ges i bwg bach gwyn â choler glas, tua modfedd o daldra. Model gan Meissen oedd hwn ac nid wyf yn barod i ddweud faint dalais i amdano ond, wedi bargeinio'n hir gyda'r fenyw wrth y stondin, cefais ostyngiad o £100. A dyna fy hoff bwg yn y casgliad o hyd.

Fe ges i Meissen arall, un traddodiadol, o America gan gwmni bach sy'n arbenigo mewn pygiana 'Time Dances By'. Mae'r pwg hwn yn wyn heblaw am ei wyneb, sy'n ddu, a'i glustiau sydd wedi eu tocio (yn ôl y dull creulon yr arferid ei ddefnyddio yn Ewrop nes i'r Frenhines Victoria fynegi'i gwrthwynebiad i'r arfer) ac mae'n gwisgo coler glas a chlychau aur, crwn arno. Oddi tano ceir y cleddyfau croes bach glas sy'n dynodi taw darn o waith porslen Meissen go iawn yw hwn.

Mae hyn yn dod â mi at bennod annisgwyl yn hanes y pwg. Yn y ddeunawfed ganrif roedd y Pab yn poeni'n arw am rym a dylanwad cynyddol y Seiri Rhyddion yn Ewrop, ac yn 1738 fe luniodd Clement XII gylchlythyr yn gwahardd y Seiri Rhyddion. Er gwaethaf hyn parhaodd y Seiri i gyfarfod yn gyfrinachol. Dewiswyd y pwg neu'r *Mops*, a bod yn fanwl, fel eu symbol ar gorn ei ffyddlondeb. Dyma ffurfio'r 'Mopsorden' (Urdd y Pygiau) fel ffordd o guddio Saeryddiaeth Rydd. Defnyddid modelau o bygiau gan Meissen fel modd i aelodau'r Mopsorden adnabod ei gilydd. Roedd Etholyddion Sacsoni, lle lleolir gwaith porslein Meissen, yn Feistri Mawrion Urdd y Seiri Rhyddion. Yn 1745 fe luniwyd model gan Meissen yn dangos un o'r Seiri Rhyddion yn gwisgo cot goch a het dair gwalc a ffedog ac, wrth ei ochr, yn sefyll ar ben colofn, y mae pwg bach yn cachu! Amcan y model bwriadol sarhaus hwn, yn ôl pob tebyg, oedd mynegi dicter y Seiri Rhyddion tuag at y ffaith eu bod wedi'u gwahardd. Yn 1745 yn Amsterdam, fe gyhoeddwyd pamffledyn yn dwyn y teitl *L'Ordre des Francs-Maçons trahi, et le Secret des Mopses Revelé*. Yn fuan wedyn codwyd y gwaharddiad a daeth y Mopsorden i ben. Ond mae rhai yn casglu pygiau'r cyfnod hwn yn unig, yn arbennig fodelau Meissen, ac fe werthwyd y grŵp gyda'r pwg brwnt gan Christie's yn 2003 am £12,000.

Yn 2010 cynhaliwyd ocsiwn gan Bellman's o gasgliad sylweddol o bygiana. Eiddo Mrs Nadia Moulton-Barrett oedd y casgliad chwaethus hwn ac fe gynhwysai ddarnau gan Meissen, Derby, Beswick, Royal Worcester a darnau efydd o Awstria: ffigyrau bach doniol yw'r rhain ac mae 'na alw mawr amdanynt. Ond sêr y casgliad oedd pâr o bygiau Staffordshire o'r bedwaredd ganrif ar bymtheg heb yr un nam na tholc na chrac ynddynt. Mae'r rhain yn debyg iawn i'r cŵn oren a gwyn a arferai fod yn hanfodol ar bob silff-ben-tân yng Nghymru ar un adeg ond mae'r pygiau yn brinnach o lawer na'r sbangwn cyfarwydd. Cafodd yr arwerthiant dipyn o gyhoeddusrwydd a ffotograffau o'r pâr hwn a welid ym mhob erthygl. Roedd yn ffolineb llwyr, fe wyddwn hynny, ond fe benderfynais y byddwn i'n cynnig am y pâr hwn dros y ffôn. Yr amcan-bris oedd £200–250 ac roedd fy 'nghyllideb' yn caniatáu i mi fynd ychydig yn uwch na hynny. Roeddwn i'n rhag-weld cystadlu mawr amdanynt. Ddiwrnod yr ocsiwn ffoniodd rhywun o Bellman's (Nigel oedd ei enw, os cofiaf yn iawn) a gallwn glywed yr ocsiwnîr ar ben arall y ffôn. Rhaid cyfaddef mai dyma un o'r pethau mwyaf cyffrous i mi ei wneud erioed yn fy mywyd. Teimlwn fel hapchwaraewr o filiwnydd ymhell i ffwrdd. Wrth lwc, ar ôl dau neu dri chynnig rhyngof i a rhywun arall neu rywrai eraill, daeth y cyfan i ben yn sydyn heb fynd ymhell dros yr amcan-bris – ac fe ges i'r pâr! Roeddwn i ar ben fy nigon a'r pâr hwn, heb os, yw un o'r pethau gorau yn fy nghasgliad. Cododd yr arwerthiant rai miloedd o bunnoedd a throsglwyddwyd yr elw tuag at ymchwil iechyd pygiau. Gan fod pygiau'n dod â chymaint o bleser i fywydau pobl o bob math gwelaf hyn fel ffordd (anuniongyrchol efallai) o helpu pobl.

O dro i dro, mae pygiau'n ymddangos mewn mannau digon annisgwyl. Wrth gerdded drwy Aberystwyth un diwrnod, heb feddwl dim am bygiau, dyma fi'n gweld yn siop Polly bâr o bygiau *gwyrdd* fel rhan o'r arddangosfa yn y ffenest. I mewn â mi, a bu'n rhaid i mi ddadlau â Polly am dipyn, waeth doedd hi ddim wedi bwriadu eu gwerthu, ond yn y diwedd fe'u cefais am bris rhesymol. Nid ydyn nhw'n rhai hen iawn ond nid wyf wedi gweld pygiau gwyrdd a blodau arnynt yn unman arall.

Darn rwy'n arbennig o hoff ohono yw pwg bach wedi'i lunio o gnepyn o lo Cymru a brynwyd i mi yn yr Eisteddfod gan ffrind. Dyma'r unig bwg yn fy nghasgliad a wnaed yng Nghymru – ac, yn wir, fe'i gwnaed *o Gymru*. Ac ar un ystyr dyma'r pwg hynaf yn fy meddiant, gan fod glo Cymru wedi cymryd miliynau o flynyddoedd i'w ffurfio. Ar ben hynny, mae'n f'atgoffa taw glöwr oedd fy nhad-cu a fu farw mewn damwain yn y pwll glo, a glowyr oedd llawer o'm perthnasau a'm cymdogion. O'r un graig â'r pwg hwn y'm naddwyd innau, fel petai.

Ar wahân i fodelau o bygiau mae'r casgliad yn cynnwys tebot a llun o bwg arno (sy'n dyddio o'r bedwaredd ganrif ar bymtheg), tei, cyfflincs (gan Paul Smith), jigso, cas sbectol, sawl bathodyn, clustogau a mygiau (ie, mygiau pygiau). Mae gyda fi hefyd hen fedal ac wyneb pwg arni ac o'i gwmpas y geiriau 'pick up glass pick up paper society'. Rhaid i mi gyfaddef na sylweddolais i yn syth beth oedd arwyddocâd y pwg i'r gymdeithas honno, ond yr oedd, fe dybiwn, yn rhan o hen ymgyrch yn erbyn sbwriel ar y strydoedd. Fe ddisgynnodd y geiniog yn y diwedd pan sylwais fod llythrennau cyntaf enw'r gymdeithas yn sillafu PUG PUPS.

Rhan arall o'r casgliad yw'r holl lyfrau sy'n ymwneud â phygiau. Ceir nifer o lyfrau am y brid a'i hanes, wrth gwrs, ond hefyd ceir storïau fel *Imp and Biscuit: The Fortunes of Two Pugs* gan Valerie Worth â lluniau gan Natalie Babbitt, *Unlovable* gan Dan Yaccarino, *Eloise* gan Kay Thompson a chyfres 'Molly Moon' gan Georgia Byng. Yn anochel, ceir hefyd nifer o lyfrau o luniau o bygiau, gan eu bod mor ffotogenig, er enghraifft *Pug Shots* a *Pugnation* gan Jim Dratfield, cyfres 'Wilson the Pug' gan Nancy Levine a *Fabulous Pugs* gan

Lisa Knapp. Dau o'm hoff lyfrau yw *Pugorama* gan Enrico d'Assia a *Pugs in Public* gan Kendall Farr. Ond rhaid wrth hiwmor. Byddai hwyaid yn hedfan ar draws y wal, fel y rhai yng nghartref Hilda Ogden ers llawer dydd, yn anfaddeuol. Ar y llaw arall, mae pygiau adeiniog yn hedfan ar draws y wal yn dipyn o hwyl.

Rwy'n casglu lluniau o bygiau gydag enwogion (ac ambell bwg enwog) hefyd. Nid yw'r rhain yn costio dim, gan fod llun wedi'i brintio o'r we neu lungopi yn gwneud y tro. Mae'r rhain i gyd yn mynd i lyfr lloffion. Dyna lle mae Hogarth a'i bwg Trump, y Tywysog Felix Yusupof (a lofruddiodd Rasputin) a'i bwg mewn ffotograff gan Cecil Beaton, sawl llun o'r Windsors (yn anochel), lluniau o'r cynllunydd *haute couture* Valentino a'i bum pwg, Lee Radziwill (chwaer Jackie Kennedy) a'i phwg, Patrick White o Awstralia, enillydd gwobr Nobel am lenyddiaeth a'i bwg ar ei arffed, Brigid Berlin a'i fflat sy'n orlawn o bygiana, y Frenhines Victoria a rhai o'i phlant (tywysogion a thywysogesau i gyd) a phwg wrth ei thraed yn hawlio'i le – cystal â dweud ei fod yn gydradd â phob un arall, y Frenhines Alexandra a phwg, y Brenin George V pan oedd yn ddug Caerefrog a phwg â bandais am ei ben am ryw reswm. Mae yma lun o Sylvia Sidney a thri phwg wrth ei thraed a llun o'i chasgliad hithau o bygiana. Llun o Lena Horne yn dal ei phwg ar ben piano a llun o'r canwr *jazz* Jimmy Scott a'i bwg Princess, sy'n bedair ar ddeg oed. A llun o'r digrifwr o'r Almaen, Loriot, a ddywedodd, 'Mae bywyd heb bygiau yn bosibl ond yn ddibwynt.' Mae yma ddau lun o Andy Warhol a phwg, ond nid wyf yn siŵr ai ei bwg ef yw hwn – fe gysylltir Warhol â'r *dachshund* yn bennaf. Mae'n bosibl iddo gael pwg ychydig cyn iddo farw, ar y llaw arall, mae'n bosibl taw pwg wedi'i fenthyg iddo gan Brigid Berlin yw hwn.

Yna, mae yma oriel o selébs diweddarach (nid wyf yn cynnwys pob actores/cantores/model sy'n cael ei llun wedi'i dynnu yn dal pwg, waeth ni fydd neb yn cofio'r un ohonynt ymhen pum mlynedd, ac nid wyf yn cynnwys llun o Paris Hilton, fondigrybwyll, a'i phwg hithau chwaith). Dyma rai ohonynt: Jake Gyllenhaal (*Brokeback Mountain*), Hugh Laurie (*House*), Stephen R McQueen (*The Vampire Diaries*), Dennis Quaid (*Far from Heaven*) yn cario hen bwg anferth o dew a Charlie Sheen (*Two and a Half Men*) gyda phwg du. Un o'r pygiau enwocaf yn ei rinwedd ei hun oedd Frank the Pug o'r ffilmiau *Men in Black*. Pan oedd y ffilmiau yna yn eu bri byddai plant yn gweiddi 'men in black!' ar ôl Popi. Mae sawl llun i'w gael o Frank yn gwisgo *tuxedo*.

Ond wyddech chi fod pwg yn aelod o gylch Bloomsbury? Soie oedd ei enw a'i berchennog oedd y Fonesig Ottoline Morrell. Yn ei halbwm ffotograffau ceir lluniau o Ledi Ottoline a'i hwyneb hir, ceffylaidd a Soie ar ei harffed – lluniau sy'n gwrthbrofi'r honiad fod cŵn yn ymdebygu i'w perchnogion a *vice versa* – yn ogystal â lluniau o'r pwg gyda Vanessa Bell a Duncan Grant (gyda Soie wrth eu traed), Siegfried Sassoon (a Soie yn eistedd wrth ei ochr ar fainc), Aldous Huxley (yn dal Soie i fyny o flaen ei wyneb), E M Forster (a Soie yn gorwedd yng nghysgod ei gadair, wrth ei ochr) a Carrington (yr arlunydd Dora Carrington a adnabyddid wrth ei chyfenw Carrington yn unig). Gwaetha'r modd does dim un llun ohono gyda Virginia Woolf, hyd y galla i weld. Oni fyddai stori Soie gystal â stori Flush neu'n rhagorach hyd yn oed?

Mae modd gwario ffortiwn ar ddarnau o bygiana. Fel y nodwyd yn barod, gallai darnau Meissen fod yn hynod o werthfawr. Mae'r un peth yn wir am hen fodelau Chelsea, Derby, Dresden a Worcester. Dro yn ôl, fe hysbysebwyd pâr o gyfflincs â phennau pygiau gyda llygaid rhuddem am £2,170. Yn Crufts rai blynyddoedd yn ôl fe welais garwsél ysblennydd â phygiau bach yn lle meirch – pygiau duon a llwyd golau am yn ail. Roedd yn rhy ddrud i mi am £5,000, ond yn rhy fawr hefyd, gan ei fod tua phum troedfedd ar draws. Gall lluniau o bygiau fod yn gostus iawn hefyd; dychmyger pris lluniau gan y meistri Hogarth, Goya a Landseer, ac enwi dim ond tri a beintiodd y brid. Yn 2009 fe werthwyd llun pwg gan Thomas Gainsborough gan Sotheby's am £993,250.

Nid oes diben (hynny yw, diwedd) i gasglu pygiau (fel y dywed Llyfr y Pregethwr XII, 12 am wneuthur llyfrau), a chywain llawer ohonynt (fel darllen llawer) sy'n flinder i'r cnawd ac yn dreth ar y poced. Yn y pen draw mae pob casgliad yn ofer, oherwydd chwelir y cyfan ar farwolaeth y casglwr. Ond efallai fod yna bwrpas i gasgliadau hefyd, fel y dywed David Jones: 'We also make fast or position in some way tokens of our regard, that is: we set up, set aside, make over, dedicate or make anathemata of, a diversity of things'. Ar 11 Awst 2013, ychwanegais eitem bwysig at y casgliad, sef pwg go-iawn arall, un du y tro hwn. A'i henw? Winni Ffinni Hadog.

Llyfryddiaeth

Kendall Farr, *Pugs in Public*, 1999
Nick Waters, *The Pug Heritage and Art*, 2005
Der Mops – ein kunstwerk, 2008

Am ragor o wybodaeth a delweddau o bygiau, gweler www.pugs.co.uk

Hen Wragedd Ruth Jên

UN O'R PETHAU cyntaf sy'n ein taro wrth edrych ar luniau Ruth Jên yw'r adlais o hen ddelwedd gyfarwydd iawn ar un adeg, ein darlun cenedlaethol, yn gam neu'n gymwys, sef *Salem* gan Sydney Curnow Vosper. Mae rhyw awgrym ohono mewn nifer o luniau gan Ruth Jên – yn yr wynebau diwyneb, yn ystumiau cyrff yr hen wragedd. Y mae cyhyrau cyrff ei gwragedd hi fel petaent yn cofio symudiad cefn a chymalau gwynegol yr hen Siân Owen, Ty'n-y-fawnog, wrth iddi naill ai gyrraedd y cwrdd yn ddiweddar neu ynteu gael ei hel o'r cwrdd ar gorn ei gorfalchder yn ei siôl grand, gan ddibynnu pa fersiwn o'r stori amdani rydych yn ei gredu. Eithr mae gwragedd Ruth Jên, yn wahanol iawn i Siân Owen, yn rhydd i fynd a dod fel y mynnant; does dim tŷ cwrdd yn eu caethiwo na chorff cul, crebachlyd yn perthyn i'r un ohonynt. Cysgod, awgrym yn unig, yw'r arlliw o Siân Owen a'i hwyneb piwis a naws biwritanaidd ei hamgylchiadau a welir yn y menywod hyn; ei chwiorydd a'i chymdogion mwy hynaws a llawen yw'r rhain.

Mae'r ddelwedd o'r hen wraig wedi'i ffosileiddio yn y wisg Gymreig ac yn yfed te di-ben-draw yn nodwedd amlwg o'r *fairings* poblogaidd a'r cardiau post dirifedi a gynhyrchwyd yn y bedwaredd ganrif ar bymtheg a dechrau'r ugeinfed ganrif. Yna, yn yr ugeinfed ganrif, cafwyd doliau (wedi eu gwneud yn Hong Kong gan amlaf) mewn gwisg Gymreig, heb sôn am y ddol â'i sgert a'i ffedog yn cuddio'r rholyn o bapur tŷ bach. Mae pob un o'r delweddau hyn yn portreadu'r Gymraes i rai o'r tu allan i Gymru (ymwelwyr, dychanwyr) fel menyw ddiddig, ddof; prin ei bod hi'n gallu symud a hithau'n hwylio'r te tragwyddol neu'n cadw cyfrinach y toiled.

Tua 2010 gafaelodd dychymyg Ruth Jên Evans o Dal-y-bont yn y darlun ystrydebol hwn a'i adnewyddu'n llwyr. Gweddnewidiwyd y ddelwedd henffasiwn yma o Gymreictod ganddi. Creodd Ruth Jên ryw fath o fydysawd cyfochrog neu hen Gymru amgen yn ei darluniau. Yn un peth, prin yw'r dynion yn ei byd Amazonaidd hi. Eithriad yw'r llun *Merched Beca* lle gwelir gorymdaith ddiderfyn o hen wragedd (i bob pwrpas) mwstasiog yn dod drwy'r dyffryn, picweirch dros eu hysgwyddau, ar eu ffordd i ddinistrio'r tollbyrth. Ond, ac eithrio'r darlun unigryw hwn lle gorchuddir gwrywdod yn llwyr gan yr hen wisg Gymreig (fel y papur tŷ bach), menywod yn unig sy'n byw yn hen Gymru

Ruth Jên. Ac ofer i chi chwilio am enghraifft sy'n cynrychioli harddwch confensiynol. Nid yw'r menywod hyn yn cydymffurfio â gofynion arferol prydferthwch i blesio safonau gwrywaidd confensiynol gwahanrywiol. Merched cryfion, cnawdol, haelfrydig yw'r rhain i gyd. Awgryma siâp y rhan fwyaf ohonynt eu bod dros eu canol oed a'u bod wedi mwynhau ac yn dal i fwynhau bywyd i'r eithaf. Does dim o'r culni gwaharddol, hunan-ymwadol a gysylltir â llun Vosper yma. Nid un siôl liwgar wedi ei benthyg a welir yn lluniau Ruth Jên, eithr bloeddia toreth o liwiau o bob llun, gorfoledda pob un yn ei siôl amryliw a'i sgert a'i ffedog ei hun. Wedi dweud hynny, mae patrwm brethyn pob sgert yn un traddodiadol sydd yn gwreiddio'r gwragedd hyn mewn bro a hanes. Mae'r *joie de vivre* yn amlwg, er bod gwaith caled a dyletswydd yn themâu diamwys hefyd. Merched galluog ac amryddawn ydyn nhw. Does dim rhwystrau patriarchaidd yn ffordd y merched hyn oherwydd byd cwbl fatriarchaidd yw hwn. Cynhyrchir plant (oes, mae yna blant – merched bach) drwy *parthenogenesis*, fe ymddengys.

Ond os yw Ruth Jên yn dadstrwythuro ac yn ail-greu *Salem* a Siân Owen dro ar ôl tro, y mae ymhlyg yn ei menywod elfennau o'r fam ddaear hefyd; mamau natur yw'r rhain, mamau cysurus, cariadus. Cymeriadau cadarn ac ymarferol ydynt hefyd. Dyma fenywod sy'n gyfforddus yn eu cnawd eu hunain ac yn rhan o'u cymunedau. Darlunnir cydweithrediad a chymwynasgarwch. Pethau pentrefol yw'r defodau traddodiadol sy'n cael eu cynnal yn y golygfeydd hyn. Gorfoledd chwaeroliaeth sydd yn amlwg yn *Calliwch y Diawlaid!*, er enghraifft. Cymreictod llawen, afieithus, heintus, anorchfygol sydd yma. Ac afraid dweud bod hiwmor ac eironi yn hydreiddio'r golygfeydd i gyd.

Profiad gwefreiddiol yw gweld Ruth Jên wrth ei gwaith. Mae'r marciau clir yn cael eu gwneud yn uniongyrchol ar y papur gyda sicrwydd hyderus. O fewn munudau, ymrithia un o'i merched o flaen ein llygaid yn ei chyfanrwydd byw. Dyma beth yw creu – papur gweili, gwag yn cael ei drawsffurfio

Calliwch y Diawlaid! gan Ruth Jên

ar amrantiad yn griw o ferched sy'n dawnsio'n afreolus. Nid yw'r rhwyddineb (ymddangosiadol) hwn wedi dod heb flynyddoedd o ddarlunio ac ymarfer beunyddiol.

Gair am dechneg Ruth Jên. Yn gyntaf, nid darluniau mo'i lluniau, a bod yn fanwl gywir, eithr monoprintiau, hynny yw argraffiadau unigol, unigryw. I ddechrau, mae hi'n rholio haenen o inc printio du ar chwarel o wydr ar y ford. Mae'n bwysig cael haenen o inc trwchus. Yna, mae'n gosod y papur y bydd hi'n gweithio arno ar draws y gwydr sydd wedi ei incio. Mae'r papur yn bwysig hefyd; papur argraffu a wnaed â llaw ydyw, papur *Hahnemühle*. Yna, mae'n tynnu ei llun yn uniongyrchol ar y papur, ond mewn gwirionedd mae hi'n gweithio ar gefn y llun â phensil – wrth bwyso'r pensil ar y papur codir inc i'r papur oddi ar y gwydr. Felly, rhaid iddi weithio 'tu chwith', fel petai, ac os oes unrhyw eiriau neu lythrennau i fod yn y llun rhaid iddi ysgrifennu o chwith, fel mewn drych. Fel y dywed Ruth, mae hi wedi dod yn giamster ar ysgrifennu fel hyn. Yna, codir y papur oddi wrth y gwydr a gadael i'r inc sychu. Rhaid stretsio'r papur wedyn, fel y gwneir wrth baratoi papur gogyfer â pheintio dyfrlliw. Cwblheir y broses drwy beintio gwisgoedd y ffigyrau ac unrhyw fanylion eraill lle mae angen lliw, a gwneir hyn â dyfrlliwiau o bigment cryf.

Mae Ruth Jên yn ffafrio'r dull hwn yn hytrach

na darlunio oherwydd ei bod yn ymhyfrydu yn yr ansawdd mae'r broses o brintio yn ei roi i'r llinellau a'r cefndir. Mae'r llinellau'n fywiocach ac yn fwy egnïol na llinellau pensil neu baent arferol hyd yn oed. Mae'r llinellau'n fyw ac yn awgrymu symud ac asbri, ac mae'r cefndir yn ddyfnach a mwy o 'frethyn' iddo.

Weithiau, bydd Ruth yn gwneud torluniau leino pan ddymuna wneud sawl copi o lun, weithiau mewn du a gwyn ac weithiau wedi eu lliwio â llaw. Cyfynga nifer y printiau hyn i rediad o bump ar hugain ar y mwyaf.

Mae teitlau lluniau Ruth Jên yn greiddiol i'w gwaith. Teitlau Cymraeg ydyn nhw yn ddieithriad. Cwyd y teitlau hyn o'r gweithgareddau sy'n cael eu darlunio (*Y Plygain*, *Y Fari [Lwyd]*) a gweithgareddau traddodiadol ydynt, yn amlach na pheidio. Daw'r ysbrydoliaeth ynghyd â'r teitlau yn aml o hen gerddi, hen benillion gwerin yn bennaf, a hefyd o hen ddiarhebion a dywediadau, arferion traddodiadol, hanes a chwedloniaeth. Mae'r iaith, felly, yn hanfodol i'w gwaith. Gyda'r iaith y mae pob llun yn dechrau. Iaith a llên a thraddodiad sydd wrth wraidd pob un o'r gweithiau hyn.

Yn *Nawr te, te Nawr* chwaraeir ymhellach â'r hen ddelwedd ystrydebol o wragedd yn y wisg Gymreig yn yfed te yn dawel. Ar ochr chwith y llun hwn, ffurfia tair merch byramid gan sefyll ar blatfform o bum het Gymreig ac mae tebot ar ben het y wraig ar frig y pyramid; ar y dde, o flaen tebot anferth, ffurfia chwe gwraig byramid arall, un llawer mwy anniben y tro hwn, gyda dwy wraig yn eu plyg ar y gwaelod, dwy wraig arall yn eu plyg yn pwyso ar eu cefnau hwy, gwraig yn sefyll ar gefn yr ail bâr o wragedd a hithau'n cynnal gwraig arall sy'n ymestyn at y pyramid cyntaf ac yn taflu llestri te i gyfeiriad y tebot. Mae'r olygfa fabolgampaidd hon ynghyd â'i helfennau swrealaidd yn dilorni ac yn dadstrwythuro'r holl syniad o'r te parti ffurfiol a lwyfennid ar gyfer twristiaid yn nechrau'r ugeinfed ganrif.

Yn *Trefechan* gwelir criw o wragedd yn sefyll o flaen y bont yn cario arwyddion, symbol tafod y ddraig Cymdeithas yr Iaith ar rai ohonynt a llun tebot ar un ohonynt. Dyma ddangos eto nad gwragedd dof yr hen *fairings* sydd yma, yn yfed te ac yn cadw'n dawel, eithr gwragedd sy'n barod i sefyll dros eu hawliau; ond mae'r tebot yn ein hatgoffa bod yn rhaid cadw synnwyr digrifwch. Dengys y llun hwn hefyd bwysigrwydd yr iaith i Ruth Jên oherwydd dim ond y sawl sy'n deall arwyddocâd y teitl a symboliaeth y bont arbennig honno a all ei lawn werthfawrogi. Yn yr un modd yn *Canwch y Diawled!* mae'r ddelwedd o bobl *Salem*, sobr, ddefosiynol, bietistaidd, yn cael ei chwalu. Cana'r côr o wragedd yn llawn hwyl – a go brin taw emyn yw'r gân. Os 'canwch, y diawled' yw gorchymyn yr arweinyddes, felly, nid chwiorydd y tŷ cwrdd mo'r rhain – ni fyddai gwragedd capelgar y bedwaredd ganrif ar bymtheg wedi yngan y gair 'diawl'. Ac i ategu hynny, gwelir poteli cwrw ar y llawr wrth ymyl sgertiau un neu ddwy o aelodau'r côr.

Yn *Brethyn* gwelir pedair gwraig osgeiddig iawn yn arddangos eu dillad lliwgar, y patrymau, y streipiau a'r sgwariau'n gorgyffwrdd ac yn creu patrymau newydd eraill mewn cyfuniadau caleidosgopaidd. Unwaith yn rhagor, ni allaf beidio â thybio bod y stori am Siân Owen a'r siôl fenthyg grand yn cael ei dychanu. Nid un siôl sydd yma eithr siolau niferus di-ben-draw sydd â'u ffynhonnell yn y chwaeroliaeth agos rhwng y gwragedd. Wrth iddynt sefyll gyda'i gilydd yn eu cymuned ac ymhyfrydu yn y cysylltiadau sydd yn eu clymu ynghyd, fe awgrymir, y ceir creadigrwydd.

Mae'n dilyn, felly, taw Ruth Jên yw un o'r artistiaid mwyaf perthnasol a gwerthfawr i Gymru ac i Gymreictod sy'n gweithio ac yn byw yng Nghymru.

[Seiliwyd yr erthygl hon ar ymweliad â Ruth Jên yn ei stiwdio: 17. viii. 2012]

Gellir gweld detholiad o luniau Ruth Jên ar ei gwefan: www.ruthjen.co.uk

Truman Capote

NID LLENOR TOREITHIOG mohono. Nid ysgrifennodd
yr un nofel swmpus, dim ond nofeligau, ac ugain
stori fer yn unig sydd yn y casgliad cyflawn o'i
storïau. Ar ôl iddo gyhoeddi ei waith mwyaf
adnabyddus, sef *In Cold Blood*, fe aeth i ryw fath
o 'floc' am weddill ei oes. Hanes dryslyd sydd i
gyhoeddi'r gyfrol *In Cold Blood*; ymddangosodd
y rhan fwyaf ohoni yn 1965, ond ei diweddglo
dirdynnol yn 1966. Dyddiad ei hawlfraint yw
1965. Serch hynny, roedd Truman Capote yn
llenor hynod lwyddiannus yn ei ddydd a gwnaeth
arian mawr wrth i rai o'i lyfrau gael eu haddasu'n
ffilmiau poblogaidd. Yr addasiad enwocaf yw'r
ffilm *Breakfast at Tiffany's*, er nad yw'n gwneud
cyfiawnder â'i waith gwreiddiol ef ac er gwaethaf
harddwch syfrdanol Audrey Hepburn (nad oedd
yn ddim byd tebyg i Holly Golightly) byddai'n
well gan Truman ei hun pe bai Marilyn Monroe
wedi chwarae'r rhan.

Daeth Truman i sylw yn ddiweddar eto yn sgil
dwy ffilm amdano. Mae'r ddwy'n ymwneud â'r
broses o lunio *In Cold Blood* ac â'r bri a ddaeth

i'w ran yn dilyn llwyddiant y llyfr hwnnw. Yn y naill ffilm, *Capote*, chwaraewyd y llenor gan Philip Seymor Hoffman, a enillodd yr Oscar, y Golden Globe a'r BAFTA yn 2005 am ei berfformiad. Pan ryddhawyd *Infamous* yn 2006 ymddangosai'r ail ffilm fel llên-ladrad, bron. Ond cawsai'r ddwy ffilm eu cynhyrchu yr un pryd mewn gwirionedd. Ac er bod perfformiad Toby Jones yn rhagori ar un Hoffman, ni chafodd ei enwebu am y gwobrau mawr. Roedd Hoffman yn rhy drwm a chlogyrnaidd a mecanyddol i gyfleu personoliaeth fywiog Capote. Ar y llaw arall, fe lwyddodd Toby Jones i'w gael e i'r dim – y llais uchel, plentynnaidd, yr ystumiau mursennaidd a'r hwyliau cyfnewidiol. Ar hyd ei oes byddai pobl weithiau yn camgymryd Truman am blentyn, dro arall am fenyw. Roedd e'n fyr (5' 3" yn ôl rhai), yn ferchetaidd ac eto'n arbennig o allblyg. Mewn unrhyw gwmni, ef fyddai'n denu'r sylw i gyd. Nid ymdrechodd erioed i guddio'r ffaith ei fod yn hoyw – go brin y byddai wedi llwyddo i dwyllo neb beth bynnag. Adroddodd Norman Mailer y stori dadlennol hon amdano; aeth y ddau gyda'i gilydd i mewn i:

> a big Irish bar with a long brass rail at which were lined up fifty reasonably disgruntled Irishmen drinking at three-thirty in the afternoon. We walked in. Truman was wearing a little gabardine cape. He strolled in

looking like a beautiful little faggot prince. It suddenly came over me: My God, what have I done? I've walked into this drunken den of sour male virtue with Truman! I walked behind him as if I had very little to do with him. And Truman just floated through. As he did, the eyes – it was a movie shot – every eye turned automatically to look at him with a big Irish 'I've seen everything now.' He was used to it, obviously. He walked right through to a table in the back, sat down and drank, and we talked for about an hour. Nobody bothered us. It took me half an hour for the adrenaline to come down. I figured people would get rude and I'd get into a fight. My system was charged with adrenaline. It all proved unnecessary. Afterward, I thought, 'My God, if I were that man, I couldn't live, I'd die of adrenaline overflow'. I was very impressed with what it cost him to live. That quality – that he had a special life and was going to live it in a special way – is enormously exhausting.

Ar un ystyr roedd plentyndod Truman yn ddirdynnol o drist. Fe'i gadewid fel baban mewn ystafelloedd mewn gwestai dieithr ar ei ben ei hun yn y nos wrth i'w rieni ifainc anaeddfed fynd mas i ddawnsio ac i yfed. Yna, fe'i gadawyd am flynyddoedd gyda chriw o berthnasau ecsentrig. Eto i gyd, roedd y rhan hon o'i oes gynnar yn gloddfa aur iddo fel llenor. Seiliodd ei nofel gyntaf, *Other Voices, Other Rooms* (1948), a rhai o'i weithiau gorau, fel *The Grass Harp* (1951) a'r stori ardderchog 'A Christmas Memory', ar y cyfnod hwn yn ei fywyd. Darlunnir yr hen fodryb Sook Faulk, a ddaeth yn rhyw fath o ddirprwy fam iddo, ym mhob un o'r gweithiau hyn. I brotestio yn erbyn anffyddlondeb ei dad, Arch Persons, newidiodd Truman ei gyfenw pan ailbriododd ei fam, a mabwysiadu cyfenw ei lystad, Joe Capote (ynganer Capo-te). Mae'n drueni na chymerodd gyfenw gwreiddiol ei fam, a aned yn Lillie Mae Faulk, gan fod Faulk (Ffowc) yn enw ac iddo hanes Cymreig, wrth gwrs. Ond, wedi dweud hynny, a fyddai enwogrwydd wedi dod i ran Truman Faulk, tybed? Mor bwysig yw dewis enw.

Ni chafodd Truman unrhyw addysg uwch ffurfiol ond daeth llwyddiant iddo yn ei ugeiniau cynnar, ac o hynny ymlaen roedd e'n ffigur adnabyddus ledled America, yn sgil y ffaith ei fod bob amser yn barod i roi cyfweliadau ar y radio a'r teledu ac i gael tynnu ei lun. Ceir lluniau ohono gan bron pob ffotograffydd o fri yn ei ddydd – Cecil Beaton, Irving Penn, Henri Cartier-Bresson, Karl Bissinger, Richard Avedon – ac enwi rhai yn unig.

Yn wahanol i rai o'i ragflaenwyr misanthropig ac anghymdeithasol yn llenyddiaeth America – er enghraifft yr Emily Dickinson encilgar (ei chalon siomedig yn floc o rew), y Thoreau meudwyaidd, ac O'Neill a Hemingway *macho* a diserch – pobl oedd prif ddiddordeb Truman. Pobl yw ei ddeunydd crai, yn hytrach na syniadau (nid meddyliwr mawr mohono) neu blotiau (cyll ei nofel gyntaf, *Other Voices, Other Rooms*, egni ei naratif wedi iddo gyflwyno'i oriel o gymeriadau a dirywia'r plot tua'r diwedd). Dyna pam y mae ei nofelau a'i storïau'n gofiadwy – ar gorn eu cymeriadaeth liwgar. Meddylier am Holly Golightly yn *Breakfast at Tiffany's*, Dolly Talbo yn *The Grass Harp*, Miss Bobbit yn 'Children on their Birthdays', Missouri Fever yn *Other Voices, Other Rooms* ac Idabel o'r un nofel (sy'n seiliedig ar Harper Lee; seiliodd hithau ei chymeriad Dill ar Truman fel plentyn yn ei nofel *To Kill a Mockingbird*). Cymeriadau yr un mor anfarwol â rhai Dickens. Olynydd i Eudora Welty, Willa Cather a William Faulkner yw Truman Capote ac, yn wir, fe ellir disgrifio rhai o'i storïau fel 'Southern Gothic'. Ond mae'n perthyn yn nes at William Inge, Carson McCullers a Tennessee Williams.

Ei weithiau gorau yw ei nofel fer *The Grass Harp*, *In Cold Blood* a rhai o'i storïau byrion. Yn wir, ystyrir y storïau hyn ymhlith goreuon y byd: 'Jug of Silver', 'A Tree of Night', 'A Christmas Memory', 'The Thanksgiving Visitor', 'Mojave' a'm hoff stori o'i eiddo 'Children on their Birthdays'. Seiliwyd pob un o'r storïau hyn ar atgofion – y rhan fwyaf ohonynt yn atgofion am ei blentyndod ac am ei gyfeillgarwch, ei gariad yn wir, at Sook Faulk, ac maen nhw'n codi o rywle dwfn iawn, o'r emosiynau ac o ddyfnderoedd y dychymyg a'r anymwybod yn hytrach na'r pen a'r ymennydd. Nid storïau oeraidd a luniwyd mewn cwrs ysgrifennu creadigol mohonynt, eithr cynnyrch naturiol ac anochel personoliaeth yr awdur.

O'i arddegau ymlaen fe ymhyfrydai Truman mewn cyfeillach â merched hardd a chyfoethog. Anaml iawn roedd gan y menywod hyn unrhyw ddoniau arbennig. Gwragedd i ddynion cefnog a dylanwadol oeddent. Ymhlith ei ffrindiau mynwesol yn ei ieuenctid, pan oedd ei fam a'i lystad yn byw yn Park Avenue, Efrog Newydd, fe geid yr aeres Gloria Vanderbilt a Carol Marcus, a briododd William Saroyan yn ddiweddarach, ac Oona O'Neill, merch y dramodydd Eugene O'Neill a briododd Charlie Chaplin. Seiliwyd ei gymeriad bythgofiadwy Holly Golightly ar gyfuniad o'r ffrindiau cynnar hyn ac ambell ferch arall. Yn dilyn llwyddiant *Other Voices, Other Rooms* a *Breakfast at Tiffany's* fe gasglodd Truman griw o fenywod o fri o'i gwmpas, yn eu plith C Z Guest, Slim Keith, y Dywysoges Marella Agnelli, Gloria Guinness, a'i ffefryn Babe Paley. Rhoes i'r grŵp hwn enw, sef 'Yr Elyrch', er mwyn cyfleu eu harddwch ond mae'n derm sy'n fy nharo i fel un od iawn, er bod y camgymeriad yn arwyddocaol, gan fod alarch yn enw gwrywaidd yn ogystal ag enw benywaidd. Yn ddiweddarach, daeth Truman yn gyfeillgar iawn â Lee Radziwill, chwaer Jackie

Kennedy, a'i galwai ei hun yn dywysoges gan iddi briodi gŵr o Wlad Pwyl a feddai ar dywysogaeth ddarfodedig. Ond arwynebol oedd y rhan fwyaf o'r cyfeillion hyn yn y pen draw, gan mai dim ond rhyw fath o degan neu ffigur doniol oedd Truman; byddent yn ei ddynwared ac yn gwneud hwyl am ben ei ystumiau a'i lais uchel, merchetaidd y tu ôl i'w gefn. Daeth Truman i wybod am hynny a thalu'r pwyth mewn storïau sbeitlyd amdanynt yn ei waith olaf, y nofel anghyflawn *Answered Prayers*. Yn sgil y darluniau ohonynt yn y nofel hon, troes y rhan fwyaf o'r 'Elyrch' eu cefnau arno, gan ei ysgymuno am weddill ei oes.

Nid yw'r llyfrau sy'n trafod bywyd Truman Capote yn fawr o help i daflu goleuni ynghylch sut yr âi ati i lunio stori. 'Adhering to Yaddo's schedule with as much determination as everyone else, Truman worked on *Other Voices, Other Rooms*, wrote a short story, "The Headless Hawk",' yw'r cyfan a gawn ni am ddau o'i gyfansoddiadau cynnar gan Gerald Clarke, er enghraifft, ac ni cheir unrhyw gyfeiriad at y stori gan George Plimpton. Yn y pen draw nid yw cofiannau'n fawr o werth o ran ein dealltwriaeth o'r broses ddirgel o greu llenyddiaeth. Mewn llythyr, dywedodd Truman am ysgrifennu *In Cold Blood*: 'the work goes well but very slowly. It is like doing the finest needlepoint.'

In Cold Blood oedd llwyddiant llenyddol mwyaf

ysgubol 1966. Serch hynny, ni chafodd y gyfrol ei henwebu ar gyfer gwobr Pulitzer 1965/66 nac ar gyfer National Book Award 1965/66. Nid gwrthrychedd, eithr cenfigen a gariodd y dydd; roedd yna ymgyrch personol yn erbyn Truman ar fwrdd beirniaid y naill wobr fel y llall. Doedd neb yn fodlon cydnabod gwaith mor boblogaidd er ei ddisgleirdeb, yn enwedig gan wrywgydiwr.

I ddathlu llwyddiant *In Cold Blood*, trefnodd Truman y Ddawns Ddu a Gwyn, 'Parti'r Ganrif' yn ôl rhai. Ond roedd gan Truman broblem fawr gydag alcoholiaeth. Fel llawer o lenorion sy'n yfed yn drwm, mae yna le amlwg i'r ddiod yn ei weithiau diweddar. Bu farw yn gymharol ifanc, ychydig cyn dathlu'i ben-blwydd yn drigain oed.

Llyfryddiaeth

Truman Capote, *The Complete Stories*, 2004

Gerald Clarke, *Capote: A Biography*, 1988
George Plimpton, *Truman Capote*, 1998
Deborah Davis, *Party of the Century: The Fabulous Story of Truman Capote and His Black and White Ball*, 2006

Crochenwaith Phil Rogers

PHIL ROGERS YW un o'n crochenwyr gorau. Gellir gweld ei waith mewn casgliadau cyhoeddus yn Amgueddfa'r Ashmolean, Rhydychen; Amgueddfa ac Oriel Birmingham; Amgueddfa Fitzwilliam, Caergrawnt; Amgueddfa Hitomi, Shiga, Siapan; Casgliad Jan van Houte, Institut Pieter Brueghel, Veghel, yr Iseldiroedd; Amgueddfa Keramik, Hohr Grentzhausen, yr Almaen; a'r Amgueddfa Genedlaethol yng Nghaerdydd. Yn 2011 fe roddwyd y wobr aur am gerameg iddo ac fe'i dewiswyd yn wneuthurwr y flwyddyn gan y cylchgrawn *craft&design*. Fe ddewiswyd ei waith hefyd fel *antique* y dyfodol gan Henry Sandon o'r *Antiques Roadshow*. Fe'i perchir fel crochenydd o'r radd flaenaf yn America, yn Siapan ac yng Nghorea. Dywed y crochenydd o Siapan, Ken Matsuzaki:

Phil's pottery is born out of a carefully prepared environment and spiritually stable way of life. As with Shoji Hamada, Kaniro Kawai, and Bernard Leach, this is the root of his creativity. Like Bernard Leach, he has turned his eyes to the East, particularly to Japanese folk

pottery and the ceramics of Korea's Li dynasty and the
Song dynasty of China. He takes them in, mulls them
over at great length, and they are reborn. This is Phil's
pottery.

Ond doedd dim rhaid i mi wybod am y clod a'r
cymwysterau hyn; pan gerddais i mewn i'w weithdy
yn Rhaeadr am y tro cyntaf rai blynyddoedd
yn ôl fe'm swynwyd yn syth gan geinder ei
grochenwaith. Ac nid yw'r derminoleg yma'n or-
ddweud o gwbl; i mi, mae'r ymateb i'w waith yn
emosiynol iawn. Y tro cyntaf yna fe brynais blât
bach a siawan (powlen de). Erbyn hyn, ar y cyfrif
diweddaraf, mae gyda fi ddau ar hugain o ddarnau
ganddo ac rwy wedi prynu darnau yn anrhegion i
bobl eraill hefyd. Mae hi bron â bod yn amhosibl
i mi ymweld â Chefnfaes Isa a dod oddi yno heb
ddarn o'i waith. Un tro, fe welais bowlen isel a
gwaelod gwastad iddi a gwydredd browngoch
(lliw torth o fara wedi'i chrasu'n dda) â 'thyllau'
yn y gwydredd. Yn hytrach na'i phrynu fe adewais
hebddi. Ond allwn i ddim cael y bowlen o'm
meddwl. Fore trannoeth, bu'n rhaid i mi fynd yn
ôl yno'n syth – wrth lwc, taith o ryw dri chwarter
awr yn y car sydd i'r Rhaeadr – a phrynu'r bowlen
honno. Dysgais wers y tro hwnnw; rhaid i mi aros
nes i un o'r potiau 'alw' arna i neu siarad â mi,
fel y gwnaeth y bowlen honno. Fel'na y bydda
i'n dewis pa ddarnau i'w cael – neu, yn hytrach,

fel'na y mae'r darnau yn fy newis innau. Felly, y mae dilyniant o sawl siawan, powlen neu ddwy, sawl fâs, tri bocs (powlenni crwn a chloriau iddynt yw'r rhain yn hytrach na phethau sgwâr) ac un plât mawr ysblennydd neu siarsiwr (*charger*) wedi galw arna i ac wedi cael eu mabwysiadu gen i. Un peth sy'n anfoddhaol am ymweld â gweithdy Phil Rogers yw'r teimlad wrth ymadael, wedi dewis pot neu ddau, eich bod wedi gorfod gadael cynifer o botiau hyfryd eraill ar eich ôl.

Nid wyf yn gymwys i drafod technegau Phil Rogers ond mae'n amlwg yn feistr arnynt ac yntau'n awdur *Ash Glazes, Salt Glazing* a *Throwing Pots*. Mae Phil yn gweithio o fewn nifer gymharol fechan o ffurfiau a lliwiau – y fâs, y bowlen, y bocs, y botel a'r tebot a'r ddwy ffurf sy'n dod o Siapan: y siawan (*chawan* yw'r trawsysgrifiad i'r Saesneg) a'r iwnomi (*yunomi* yw'r ffurf Saesneg). Powlen de sy'n ddigon mawr i'w chwpanu yn y llaw yw'r siawan a phowlen fechan gul yw'r iwnomi; mae tua phedair modfedd o daldra fel arfer ac fe'i defnyddid ar gyfer diodydd megis saci a the. Lliwiau naturiol, priddlyd sydd i'r gwydredd – gwinau tywyll sydd bron yn ddu weithiau, â darnau browngoch yn dangos trwyddo, sef tenmocw, neu liw tebyg i hufen ac arlliw o wyrdd ynddo, yn aml wedi'i addurno â marciau browngoch eto, sef nwca; dyma ddau o'i hoff liwiau, ond defnyddia rychwant eang o liwiau naturiol wrth wydro. Anaml yr addurna Phil ei botiau ag unrhyw luniau ond, weithiau, fe geir awgrym o blanhigyn, fel y bambŵ, a physgodyn o dro i dro. Yn amlach na hynny, fe ddefnyddia farciau syml lled-galigraffig a grëir gan ei fysedd ei hun. Ond o fewn y ffurfiau cyfyng hyn, mae Phil Rogers yn llwyddo i ddod o hyd i amrywiadau di-ben-draw sydd yn wirioneddol ryfeddol. Fel crochenydd, does dim pall ar ei ddychymyg na'i ddyfeisgarwch. Er ei bod yn hawdd adnabod un o botiau Phil Rogers, anaml y ceir dau yr un ffunud â'i gilydd, oni bai eu bod yn perthyn i un set o lestri lle mae'r tebygrwydd yn fwriadol, wrth gwrs. Yn debyg i bethau naturiol, organig fel pluen eira, glaswelltyn neu ddeilen ar y goeden, arwynebol yw'r tebygrwydd, mae pob un yn unigryw; mae potiau Phil yn tyfu, fel petai, o'i fysedd a'i greadigrwydd dihysbydd. Ni wn i am unrhyw grochenydd arall sy'n gweithio ym Mhrydain ar hyn o bryd sydd â'r un gallu syfrdanol i ailddyfeisio ac adnewyddu'i ffurfiau dro ar ôl tro. Yn wir, mae'n anodd meddwl am unrhyw grochenydd o'r gorffennol chwaith oedd yn meddu ar y ddawn Brometheaidd hon i droi pob un o'i botiau yn arbrawf ac yn ymchwil newydd a dod i ganlyniad meistrolgar a chadarn bob tro.

Fe ddisgrifiwyd ei ffordd o weithio gan Sebastian Blackie fel un Eingl-Ddwyreiniol. Dywedwn i fod Cymreig-Ddwyreiniol yn gywirach. Mewn cyfweliad, soniodd Phil am ddylanwad y Dwyrain arno:

The immediate influence was the East because that is where stoneware originated. Therefore, I continue to work very hard to understand the traditions from which these methods and techniques come. When I lived in Korea for a short time I made it my business to learn about those decorations essentially Korean in nature. I wanted to understand, not just the technique, although that is important, but the tradition and the convention.

Ond nid pethau i'w gwerthfawrogi ar lefel weledol yn unig mo potiau Phil Rogers, eithr pethau i'w teimlo, pethau i'w dal yn eich dwylo a'u pwyso, ac yn anad dim eu defnyddio. Dyna'u prif bwrpas, yn wir. Mae'r profiad o yfed te o siawan gan Phil Rogers yn gwneud i bob llestr arall deimlo'n annigonol ac, yn wir, yn peri i'r te flasu'n wahanol, credwch neu beidio. Nid pethau brau mo'i lestri eithr pethau defnyddiol a gwydn, ond ysgafn a chain, serch hynny. Mae'r powlenni â phig yn ddelfrydol ar gyfer unrhyw beth y mae angen ei arllwys. Mae salad o un o'i bowlenni mawr yn blasu'n wahanol – hynny yw, yn well – na salad o unrhyw bowlen gyffredin.

Teimla'i botiau fel pethau byw, bron. Mae yna ryw 'guriad' yn codi ohonynt. Mae hyn yn wir am waith y crochenwyr gorau yn gyffredinol.

Hoff bowlen Mihangel o waith Phil Rogers

Rwy'n cofio dal jwg fawr gan Mick Casson a theimlo 'presenoldeb' yn ei chylch. Perthyn i bob un o botiau Phil Rogers yr elfen 'hylifol' honno y dywedodd yr artist David Jones ei bod hi'n hanfodol i unrhyw waith celf. Nid pethau statig, marw mo potiau Phil Rogers (fel llestri tsieni a wneir wrth y miloedd ac a werthir mewn siopau crand am grocbris) ond fe deimlir bod y clai yn dal i droi, fel petai.

Yn anffodus, mae'n gas 'da fi'r syniad o dorri un o'r darnau hyn, felly, dim ond ambell un sy'n cael ei ddefnyddio'n rheolaidd – rhag ofn.

Mae Phil Rogers yn ddigon parod i gydnabod y

rhai sydd wedi dylanwadu arno ac i dalu teyrnged iddynt. Mae'n olynydd yn llinach Bernard Leach a Shoji Hamada ac mae'n sugno maeth ac ysbrydoliaeth gan grochenwyr Corea a Siapan. Ysbrydoliaeth fawr arall a dylanwad sylfaenol ar ei ffordd o feddwl oedd ei gyfeillgarwch â'r arlunydd Kyffin Williams. Mae gan Phil sawl llun gan Kyffin yng Nghefnfaes Isa, ond arferai Kyffin gasglu potiau Phil Rogers hefyd. Mewn ffordd ddirgel, mae gweithiau cerameg Phil yn rhannu'r un cysylltiad dwfn â daear Cymru â thirluniau Kyffin. Dengys cynlluniau a darluniau Phil o'i botiau'i hun yr un rhyddid deinamig ag a welir yn ei grochenwaith. Yn ddiweddar dyfnhaodd ei gysylltiad â chrochenwaith Corea drwy ei bartneriaeth â Ha Jeong.

Un o'm hoff botiau gan Phil Rogers yw powlen tenmocw tywyll y tu allan a'i thu fewn yn llwyd golau, sgleiniog. Mae'n mesur tua chwe modfedd o ran uchder a thua naw modfedd ar draws. Rwy'n ei chadw ar ben cwpwrdd isel yn f'ystafell wely lle gallaf ei gweld yn hawdd, heb ddim byd arall o'i chwmpas. Dyna'r hyn a alwodd y crochenydd Hans Coper yn 'wrthrych myfyrdod', rhywbeth i edrych arno ac i feddwl amdano. Yn hyn o beth, mae darn o grochenwaith yn gallu bod mor hudolus a dyrchafol â darn o gerddoriaeth yn ei ffordd. I mi, mae'r bowlen hon yn wirioneddol gyfareddol.

Llyfryddiaeth

Phil Rogers: Potter, 2007
Sebastian Blackie, *Phil Rogers: Potter of Our Time,* 2008
Phil Rogers: Portfolio, 2012

Am enghreifftiau eraill o grochenwaith Phil Rogers, gweler ei wefan: www.philrogerspottery.com

Yr Enwog Weegee

PAN EDRYCHAF AR ffotograffau gan Weegee gwelaf nofelau heb eiriau, nofelau heb eu hysgrifennu. Gallai fy niddordeb yn ei luniau droi yn obsesiwn, yn hawdd. Ennyn chwilfrydedd creulon a wna ei ddelweddau oherwydd eu bod yn cyflwyno tafell o fywyd, y presennol parhaol (y gorffennol wedi'i ddal) heb ddim o'r hanes cyn yr eiliad gadwedig, na dim o'r dyfodol ar ôl y foment honno pan safodd Weegee o flaen yr olygfa, rhyngddi a thragwyddoldeb, gyda'i gamera. Yn y rhan fwyaf o'r ffotograffau mae unigolion dinod yn symud o'r tywyllwch ac yn croesi trwy'r goleuni cyn diflannu i'r distawrwydd eto.

Ganed Arthur – neu Usher, a bod yn fanwl gywir – Fellig ar 12 Mehefin 1899, ym mhentref Slocew, Awstria. Gyda'i fam a'i dri brawd ymunodd â'i dad yn Efrog Newydd; aethai yntau yno o'u blaenau i ennill arian i dalu am eu tocynnau. Roedd Usher yn ddeg oed ar y pryd. Bron yn syth ar ôl iddo gyrraedd America, fel petai er mwyn dangos mai Americanwr ydoedd bellach, newidiwyd ei enw cyntaf i Arthur. Roedd y teulu newydd a aeth i fyw ar y Lower East Side yn dlawd iawn. Mae'n werth pwysleisio hyn oherwydd am weddill ei oes byddai ganddo gydymdeimlad â'r tlodion. Heb air o Saesneg, anfonwyd ef i ysgol uniaith Saesneg. Roedd e wrth ei fodd yn yr ysgol a dysgodd yr iaith yn rhwydd. Ond prin oedd ei ddiddordebau academaidd, felly, ymadawodd â'r ysgol ar y cyfle cyntaf posibl. Dros y blynyddoedd nesaf gwnaeth Arthur Fellig amrywiaeth o 'jobsys' er mwyn helpu'i deulu i gadw dau ben llinyn ynghyd, ond gadawodd ei gartref yn 18 oed.

Roedd e'n 24 oed pan ymunodd ag ACME Newspictures. Gweithiai yn yr ystafell dywyll yno'n datblygu ffotograffau ac yn bwrw'i brentisiaeth, yn dysgu ei grefft. Yr unig luniau a dynnai ei hunan y pryd hynny fyddai rhai gyda'r nos, lluniau o adeiladau ar dân yn amlach na pheidio.

Symudai o lety i lety, gan fyw mewn ystafelloedd bach sengl. Cysgai ar silff yn ystafell dywyll ACME weithiau. Ychydig o amrywiaeth a berthynai i'w fwydlen. Roedd e'n byw ar gawl Campbell, ffa pob llysieuol Heinz a bisgedi Uneeda.

Yn y 1930au ymadawodd ag ACME a mynd i weithio ar ei liwt ei hun. Byddai'n gadael ei ystafell yn blygeiniol ac yn gyrru o gwmpas y ddinas yn ei hen Ford. Ei bencadlys answyddogol oedd swyddfa Missing Persons Heddlu Manhattan. Yn 1937, rhoddwyd caniatâd iddo gael radio'r heddlu yn ei gar, yr unig ddinesydd i gael y fraint honno.

Lluniau o drychinebau, lleoedd ar dân, llofruddiaethau a damweiniau oedd ei luniau cynnar. Byddai Fellig yn cyrraedd lleoliad y trychinebau hyn yr un pryd â'r heddlu ac weithiau byddai'n achub y blaen arnynt, er mawr syndod iddynt. A dyna sut y cafodd ei lysenw. Ar y pryd, roedd tipyn o fynd ar fyrddau Ouija neu'r *planchette*: '[a] board marked with the alphabet and various signs... to receive mediumistic messages'. Yngenid y gair gan frodorion Efrog Newydd fel 'Weegee' a dywedid bod Fellig yn defnyddio un er mwyn cael gwybod ymlaen llaw lle roedd y drychineb nesaf yn mynd i ddigwydd. Mabwysiadodd Fellig y sillafiad ffonetig, ac yn nes ymlaen ychwanegodd 'the famous' ac arferai stampio'i ffotograffau â'r geiriau: 'credit photo by WEEGEE the famous'. Ond dyn hynod o swil a diymhongar ydoedd. Tua diwedd ei oes ffurfiodd ryw fath o bartneriaeth − serchus o bosib − gyda Wilma Wilcox, a dechreuodd hithau roi trefn ar ei fywyd a'i luniau. Erbyn y diwedd, roedd yna filoedd ar filoedd ohonynt.

Roedd Weegee'n ffotograffydd toreithiog iawn. Yn wahanol i Snowdon neu Lichfield neu Cecil Beaton, dyweder, ni fyddai Weegee yn 'gosod' ei fodelau ac yn cymryd cannoedd o luniau o'r un peth nes cael un perffaith; doedd dim cyfle i wneud hynny. 'Snaps' sy'n dal bywyd wrth iddo gael ei fyw yw ei ffotograffau, oherwydd camp Weegee fel ffotograffydd newyddiadurol oedd ei ddawn i weld cyfosodiadau anhygoel ac i weld rhywbeth o ongl wahanol i'r dynion eraill a weithiai yn yr un maes (roedd yna gannoedd ohonynt). Ceir dwy enghraifft o'r cyfnod cynnar sy'n dangos yn berffaith ei allu i weld yr olygfa ehangach.

Yn y naill, gwelir adeilad aml-lawr yn llosgi, a'r frigâd dân yn ei chwistrellu â dŵr. Llun digon cyffredin ar gyfer papurau newydd y ddinas fyddai hwn oni bai am un peth: mae yna hysbysebion ar do ac ar furiau'r adeilad, ac yn y canol yn glir ceir y geiriau: 'simply add boiling water'. Dyna deitl y llun. Mae trasiedi a chomedi yn ymdoddi i'w gilydd yn y weledigaeth eironig hon.

Yn y llun arall, dangosodd Weegee y gwahaniaeth rhyngddo ef a ffotograffwyr newyddiadurol cyffredin. Teitl y llun yw *Young Offender 1938*. Gwelir bachgen ifanc yn eistedd mewn cadair yng nghornel chwith y llun, ei ddwylo dros ei lygaid (yn gorchuddio'i wyneb rhag y ffotograffwyr neu'n llefain, yr ewinedd, y cygnau a'r bysedd yn frwnt), a'i goesau wedi'u croesi yn erbyn y byd, fel petai. Dyma astudiaeth o iaith y corff. Y llanc – beth bynnag oedd ei drosedd – yn troi tuag i mewn, yn ceisio cwato yn ei gorff ei hun. Ynghanol yr olygfa mae yna fwrdd anferth a phedwar teipiadur mawr, henffasiwn, du, tebyg i chwilod anferth metalaidd, bygythiol;

ond, ar ochr arall y bwrdd, saif dau ffotograffydd yn tynnu lluniau o'r bachgen yn y gadair. Pan ddaeth eu lluniau nhw allan yn y papur dangosent y bachgen yn y gadair a'i ddwylo dros ei lygaid. Ar y llaw arall, dangosodd Weegee y ffotograffwyr dideimlad, digydymdeimlad ac ynddynt awch y cyhoedd gwancus, amhersonol a didrugaredd, am storïau arwynebol; y ffotograffwyr eraill oedd y gweithwyr, Weegee oedd yr artist. Newyddiadurwyr oeddent, efe oedd y nofelydd.

Safodd Weegee ar wahân i'w gyd-weithwyr, yn llythrennol ac yn symbolaidd, wrth dynnu'r llun hwnnw ac, o hynny ymlaen, byddai ei ddelweddau yn dangos mwy na'r adroddiad uniongyrchol o lun papur newydd. Mae'n amlwg iddo flino ar yr adeiladau'n llosgi, yr ysai'r dinasyddion am luniau ohonynt, yn fuan iawn yn ei yrfa. Adeilad ar dân yw adeilad ar dân, wedi'r cwbl. Trodd Weegee ei gamera ar y bobl – ei wir ddiddordeb – ac, wrth wneud hynny, dywedodd lawer mwy am y digwyddiad. Dangosodd ef y torfeydd a ddeuai i edrych ar leoedd yn llosgi yn cael eu dychryn a'u swyno yr un pryd gan yr olygfa. Dangosodd y bobl yn dianc: hen ŵr a gwraig sydd wedi colli popeth heblaw ychydig o ddillad, eu hwynebau'n llwyd; hen ddyn yn rhedeg am ei fywyd, wedi'i ddeffro o'i gwsg, yn gwisgo dim ond fest, ei geilliau'n hongian. Un o'i ffotograffau enwocaf yw'r un o'r fenyw a siôl am ei phen, ei merch yn crio ac yn

gafael amdani. Dywedodd Weegee ei hun stori'r
llun hwn:

A mother with a shawl around her was clinging to one
of her daughters and looking up at the building. The
fire was over. Another daughter and a younger child, a
baby, had been burned to ashes. Overwhelmed by the
tragedy, they were looking toward the building, their
hope about gone. I cried when I took that picture.

Ond mewn llun arall yn gysylltiedig â thân
gwelir dyn croenddu ifanc yn dod i lawr ysgol
y ddihangfa dân. Cawsai amser i wisgo'i het a'i
got; mae ei goesau'n noeth. Ond ar ei ffordd i
lawr yr ysgol mae'n gweld Weegee, ac yn taflu
(dyna'r unig air) y wên fwyaf llydan a llachar a
heulog tuag at ei gamera. Mae e wedi dianc er
ei fod wedi colli ei eiddo i gyd, o bosib, ond
mae'r wên yn mynegi gollyngdod a *joie de vivre*
direidus. Canfu Weegee holl liwiau enfys bywyd;
y torcalonnus a'r hapus, ochr yn ochr, yn gymysg
oll i gyd.

Yn ôl ei amcangyfrif ei hun tynnodd Weegee
tua 5,000 o luniau o lofruddiaethau. Roedd hi'n
bwysig, meddai'n gellweirus, cael het y dyn
marw yn y llun. Dyma'i ddisgrifiad o'r 'teipiau'
a lofruddid: 'Look, he's a regular union gangster,
a junior executive type. He eats at Chock Full
o' Nuts. He's got on the pin-striped suit, a pearl

gray hat, and his shoes are shined. He's a real up-and-coming Public Enemy.'

Gwaith y Mafia a Murder Inc. oedd rhai o'r llofruddiaethau hyn, neu ganlyniad ffrae neu ymosodiad (mae rhai o luniau Weegee yn dangos dynion yn ffraeo, yn curo'i gilydd). Yn amlach na pheidio, yn y ffotograffau ofnadwy hyn, gwelir yr ymadawedig yn gorwedd ar ei wyneb mewn pwll o waed (sydd bob amser yn ddu yn y lluniau du a gwyn). Ond, hyd yn oed yn y deunydd annymunol ac erchyll hwn, daw Weegee o hyd i gyfosodiadau a chyd-ddigwyddiadau annisgwyl.

Yn un llun gwelir corff ar y pafin – gwaed yn llifo o'i ben i'r gwter – a hwnnw'n gorwedd o flaen caffe yn dwyn yr enw The Spot. Rhoes Weegee y teitl *On the Spot* i hwnnw. Awgrymwyd teitl arall gan flwch post (y corff yn gorwedd oddi tano) a'r arwydd arno: 'Mail Early for Delivery Before Christmas'. Ond, mewn llun a dynnwyd yn 1946 y ceir y cyfosodiad mwyaf trawiadol o eironig; gorwedd corff gwaedlyd ar y llawr wedi'i orchuddio gan bapurau newydd dan hysbyseb am ffilm newydd Irene Dunne, sef *Joy of Living*.

Un o ffotograffau mwyaf enigmatig Weegee yw hwnnw â'r teitl a'r is-deitl: *Alan Downs – killed his wife. Neighbours are astonished*. Dyma nofel o lun – hynny yw, rhan o nofel, tua'r diwedd. Gwelir dyn canol oed hŷn yn cael ei dywys o borth nodweddiadol blociau annedd henffasiwn

Efrog Newydd yn y 1940au. Ar y chwith iddo, mae ditectif mewn siwt olau daclus, tei a phatrwm blodeuog, het *slouch* olau, pecyn dan ei gesail a phecyn arall yn ei law chwith. Tystiolaeth! Mae golwg ddifrifol arno. Mae'r dyn hwn wedi gweld rhywbeth ofnadwy. Mae heddwas arall ar yr ochr arall – eraill y tu ôl iddo. Ar ochr chwith y llun gwelir y cymdogion yn sefyll yn syn, yn gegrwth, yn syllu ar y dyn sy'n cael ei arestio. Yn eu plith mae menyw dew ac ar ei hwyneb gwelir cymysgedd o anghrediniaeth, tosturi, adnabyddiaeth (ei chymydog yw hwn), a gellir darllen ei meddwl ('Druan o Mrs Downs', 'methu credu bod dyn bach neis fel'na wedi gwneud ffasiwn beth').

A Downs ei hun (pwy bynnag *oedd* Alan Downs). Ei wyneb â golwg orchfygedig arno (ymddengys nad yw wedi cael cyfle i eillio nac i ddodi'i ddannedd yn ei ben), ei sbectol ffrâm weiar yn disgleirio dan fflach camera Weegee – sydd yn edrych i fyw ei lygaid – dim coler, dim tei. Ond y manylyn mwyaf trawiadol yw dwylo Downs, sydd wedi'u rhwymo mewn bandais gwyn, yn erbyn düwch ei siwt, dwylo fel pawennau a gwaed du'n dod drwy'r bandais ar ei law dde. Pam y bandais? Sut yr anafwyd y dwylo? Unwaith eto, mae'r dychymyg yn ysu am gael gwybod yr hanes y tu ôl i'r llun hwn. Pam y lladdodd y dyn bach diniwed-yr-olwg hwn ei wraig? Mae'n anodd credu bod creadur mor ddiolwg wedi cael cariad arall (ac eto, cofier Crippen). Ai hen sguthan annioddefol oedd Mrs Downs? Ond pam y bandais, eto? Rydyn ni'n gweld Mrs Downs yn brwydro am ei bywyd, ac yn gweld Alan Downs yn ceisio gwthio'i chorff i dwb o asid.

Ehangodd Weegee ei orwelion a dewis testunau ar wahân i'r rhai newyddiadurol wrth iddo weld posibiliadau ffotograffiaeth fel celfyddyd. Yn 1945, cyhoeddodd *Naked City* ac, yn 1946, *Weegee's People*. Yn ôl David Morse: 'Weegee was not simply a remarkable photographer, he was also a moulder of the American consciousness. By the sheer forcefulness of his images he impressed on the American public the representative character of life as lived on the city streets, its violence and energy, its lassitude, fatalism and squalor.'

Y ddinas a'i phobl oedd ei adnoddau. Disgrifiwyd ei ddelweddau gan Susan Sontag fel 'useful maps of the real'. Datganodd Weegee: 'I have no inhibitions and neither has my camera.' Mae ei waith yn hafal i Henri Cartier-Bresson, yn gyfysgwydd ag André Kertész, ac mae ei ddylanwad ar Diane Arbus i'w weld yn glir, a hefyd ar waith y ffotograffydd dirgel Vivian Maier, y darganfuwyd ei gwaith yn ddiweddar.

Gellir dosbarthu ei ddiddordebau yn fras fel hyn (gan eithrio'i waith newyddiadurol am y tro): i) tlodion; ii) plant; iii) bywyd y nos; iv) pobl yn cael hwyl; v) pobl yr ymylon.

Tlodion Un o gampweithiau Weegee, yn wir, un o gampweithiau ffotograffiaeth, yw'r llun o hen bedler, 1946. Daw'r hen Iddew allan o'r tywyllwch a thrwy'r eira yn tywys ei geffyl. Fyddwn i ddim yn gor-ddweud pe disgrifiwn naws y llun fel Rembrandtaidd. Does dim byd yn y ffotograff hwn ond henaint, dioddefaint ac unigrwydd. Daw'r hen ŵr o orffennol Weegee, fel petai (pedler oedd ei dad ar y dechrau yn America a *rabbi* tlawd yn ddiweddarach), ac yn yr oerni gwelir holl gydymdeimlad Weegee â'r difreintiedig. Un o'i bobl ef, yn wir, oedd hwn.

Plant Yn ei luniau o blant, gwelir y ffotograffydd yn ymateb i'w hwyl a'u tristwch: plant yn chwarae ar y strydoedd yn nŵr yr hydrant tân; plant yn cysgu yn y gwres ar risiau'r ddihangfa dân, chwech neu saith ohonynt, a merch yn cwtsio cath fach yn ei chwsg. Ond plant yn llefain hefyd. Mae plant Weegee yn profi dioddefaint; nid yw ieuenctid yn gyfystyr â diniweidrwydd. Mae ganddo lun o fachgen, tua naw oed, sydd wedi rhedeg i ffwrdd o'i gartref, yn swyddfa'r heddlu – yn rhedeg rhag beth? Mae lluniau Weegee yn awgrymu'r gamdriniaeth nad oedd neb yn barod i siarad amdani. Sylla lens ei gamera i mewn i *paddy wagon* yn 1944 a chanfod yno lanc, 14 oed, wedi ei arestio am dagu merch fach. Mae'r bachgen yn edrych allan o'r cerbyd ar ddiwedd ei ryddid – ai cerbyd sy'n mynd i'w hebrwng i oes o garchar ac yn y pen draw y gadair drydan; pwy a ŵyr? Nid yw camera Weegee byth yn ochri, byth yn beirniadu.

Bywyd y nos Mae'n mynd â ni i'r Bowery gyda'r nos, ac i Hell's Kitchen. Gan ddefnyddio isgoch (*infrared*) mae'n tynnu lluniau o gariadon yn y parc yn y tywyllwch. Mae 'na lun o fenyw unig yn eistedd ar ei phen ei hun yn y nos yn Coney Island yn gwylio cariadon; ond efallai fod Weegee yn gweld yn hon adlewyrchiad o'i unigrwydd ei hun. Yn Sammy's Bar mae hwyl a chyfeddach – cariadon, meddwon, cymeriadau. Fe wn i am o leiaf ddau lun o Norma yn perfformio yn Sammy's Follies tua 1944–5. Dyma nofel arall. Pwy oedd hi? Dywed y camera ran o'i stori. Fe'i gwelir yn un o'r lluniau yn dawnsio ac yn canu, meicroffon o'i blaen, drwm y tu ôl iddi, cynulleidfa yn gwrando. Pa ganeuon roedd hi'n eu canu? A oes recordiad o'i llais yn rhywle? Mae'n gwisgo ffrog hir sidanaidd. Yn y llun arall, mae'n gwisgo het fawr, bluog. Mae hi'n dew ac mae ei chorffolaeth yn awgrymu llais mawr. Yn sicr, mae hiwmor yn perthyn i'w pherfformiad – gwelir y gwylwyr yn gwenu. Yn y llun o'i hwyneb llawn gwelir yr aeliau a blew'r amrannau wedi'u peintio gan bensil, y geg yn llydan agored (canu ynteu chwerthin?) yn dangos dannedd pwdr. Dyma rywun sy'n hoffi pleser, hwyl, siocledi, bwyd, diod (meddai'r corff). Ond faint o hwyl oedd yn ei bywyd mewn gwirionedd? Beth am ei hiechyd? Ble roedd hi'n byw? Faint oedd hi'n ei ennill am ei pherfformiadau? Pwy oedd yn ei charu? Pwy oedd yn ei defnyddio?

Yn un o'r lluniau o Norma ceir tipyn o ddirgelwch. Gwelir Weegee ei hun a'i gamera yn y llun!

Pobl yn cael hwyl Ffotograff adnabyddus iawn gan Weegee – ei ddelwedd enwocaf, o bosib, gan i'r llun gael ei ddefnyddio dro ar ôl tro i gynrychioli'r dorf (fe'i defnyddiwyd ar glawr record gan George Michael dro yn ôl) yw un a dynnodd yn 1938–9 o bobl ar draeth Coney Island.

Ar yr olwg gyntaf yr hyn a welir yw torf, haid o bobl, wynebau a chyrff yn ymestyn o flaen y llun i'r cefndir pell, dim byd ond cyrff. Buasai'n hawdd diystyru'r llun hwn fel astudiaeth o orboblogi Efrog Newydd (onid oes llinell yn anthem genedlaethol America sy'n sôn am y 'teeming shores'?), delwedd o amhosibilrwydd yr unigolyn i'w amlygu ei hun mewn lle mor fawr ac amhersonol – pobl fel morgrug neu gynrhon. Ond edrycher eto ar y llun. Mae'n hynod o glir – ymhell yn y cefndir gellir gweld ffair Coney Island a'r 'Cyclone' yno, a hyd yn oed arwydd yn dweud 'Pure Orange Juice 5c'.

Gwelir bod y rhan fwyaf o'r torheulwyr wedi troi i wynebu'r camera a bod rhai'n codi llaw i wenu a chwifio. Yna, wrth graffu ar y ffotograff, er mawr syndod inni, rydyn ni'n sylweddoli bod y rhan fwyaf o'r wynebau i'w gweld yn glir, a bod gan bob unigolyn ar lan y môr ei wyneb ei hun, ac yn ei wyneb ei bersonoliaeth, ei hunaniaeth unigryw o fewn y dorf. Mae rhai'n amlycach na'i gilydd – y fenyw yn yr het fawr, y ferch ar ysgwyddau ei chariad yn ei bicini du, y dyn dwyreiniol yn sefyll ar ysgwyddau ei ffrind; yn y cefndir pell, hyd yn oed, gwelir dyn yn edrych ar y camera drwy gylch nofio rwber. Yn wir, mae gan bob person ei stori, er ei fod fel carreg lefn ymhlith caregos eraill ar y traeth ystrydebol.

Pobl yr ymylon Tua diwedd ei yrfa, pan ddaeth yn wirioneddol enwog (roedd e'n cydweithio gyda Stanley Kubrick a derbyniwyd ei waith gan yr Amgueddfa Gelf Fodern) tynnodd Weegee luniau o bobl adnabyddus: John F. Kennedy, James Dean, Marilyn Monroe, Jayne Mansfield, Judy Garland a Dylan Thomas (fel petai ei gamera'n synhwyro'r rhai oedd wedi'u tynghedu i ddod i ddiwedd trist, anamserol o gynnar). Ond tynnodd luniau o ambell oroesydd hefyd: Satchmo (Louis Armstrong), Eartha Kitt a Bette Davis, er enghraifft. Hyd yn oed yn y lluniau hyn mae Weegee yn edrych arnynt mewn ffordd wahanol i ffotograffau eraill o'r sêr. Ffigur yn y cefndir yn unig yw James Dean a golwg flinedig arno, wedi ei ddieithrio, wedi syrffedu. O'i flaen, mae pâr hapus yn cofleidio. Nid yw'n dangos wyneb Bette Davis, dim ond ei gwallt yn sgleinio, a'r 'ffans' yn syllu arni mewn parchedig ofn.

Ond try Weegee yn ôl, dro ar ôl tro, at bobl yr ymylon. Un o'i hoff wrthrychau oedd 'Shorty, the Bowery cherub', corrach bach cyhyrog Sammy's Bar. Ac ymhlith ei astudiaethau gorau ceir nifer o hoywon, neu groeswisgwyr, a arferai fynychu'r Harbour Precinct lle y caent eu harestio a'u plagio gan yr heddlu. Mae Weegee yn eu dangos yn eu ffrogiau yn cael eu tywys o'r clwb ac yn syth i'r *paddy wagon* ofnadwy. Hoywon yn cael eu trin fel troseddwyr. Gellir dychmygu'r driniaeth a fyddai'n eu haros yn nalfa'r heddlu.

Ond y ffotograff cyntaf gan Weegee i dynnu fy sylw, a'r un sy'n dal i'm poeni, yw'r un sy'n dwyn y teitl *The Critic*. Mae dwy fenyw grand newydd ddod allan o'u ceir mawr ac yn ymlwybro tuag at gyntedd Tŷ Opera'r Metropolitan – cotiau ffwr gwyn am eu hysgwyddau, *tiaras* ar eu pennau, eu cyrff yn diferu o ddiemwntiau. Dyma ddau ffigur gwyn, golau yn camu allan o'r tywyllwch, ond bob ochr iddynt, yn y tywyllwch ac yn syllu arnynt, mae yna bobl dlawd. Ar y dde, ar yr ymyl yn llythrennol, saif hen fenyw sy'n gwgu – yn ysgyrnygu – arnynt. Mae ei dillad yn ddi-raen ac yn dywyll. Hon yw 'beirniad' y teitl. Ceir gwrthgyferbyniad chwyrn rhwng y marciau saim ar got lwydaidd y fenyw dlawd a'r blodau tegeirian ar got garlwm y fenyw gyfoethog ar y chwith.

Mae tair nofel o leiaf yn y llun hwn sydd wedi fy hudo ers blynyddoedd. Rydyn ni i fod i edrych ar y fenyw dlawd ar y dde a meddwl am y casineb – y feirniadaeth – yn ei hystum a'i hwyneb. Yn sicr, mae stori ddiddorol yno. Ond, i mi, y ddwy fenyw grand yw'r dirgelwch.

Darllenais fod Weegee wedi mynd i siarad â'r fenyw dlawd; roedd e'n ei hadnabod hi, a dywedodd hithau wrtho nad oedd hi'n bwrw ei melltith ar y cyfoethogion o gwbl, fel yr ymddengys yn y llun; i'r gwrthwyneb. Aethai yno'r noson honno yn llawn edmygedd. Yn ôl ffynhonnell arall, Weegee oedd wedi trefnu i'r fenyw dlawd fod yno'n sefyll â'r ystum cyhuddgar, ac, felly, mewn gwirionedd, y ffotograffydd, drwy ystryw gyfrwys, oedd yn gyfrifol am lunio'r olygfa.

Weithiau, mae'r camera'n gwneud hyn, yn ein dal ni, gan roi argraff hollol groes i'n teimladau ar y pryd. Beth bynnag, fel delwedd o'r agendor rhwng cyfoethogion America a'r tlodion, saif *The Critic* gan Weegee ymhlith eiconau'r ugeinfed ganrif.

Ond i ddod yn ôl at y ddwy fenyw oludog. Pwy oeddynt? Yn ôl ysgrif ar Weegee, Mrs George Washington Kavanaugh yw enw'r fenyw â'r gwallt gwyn ar y chwith (enw sy'n consurio talp o hanes America) a Lady Peel yw'r llall (enw sy'n ein tynnu yn ôl at Loegr). Ond, eto, pwy oeddent? Wel, yn gyntaf nid Lady Peel (actores a digrifwraig o Ganada o'r enw Beatrice 'Bea' Lillie a briododd Sais bonheddig), fel y dywedir

mewn rhai llyfrau, eithr Lady Decies yw'r fenyw
â'r gwallt tywyll. Ei henw bedydd oedd Elizabeth
Wharton Drexel, merch Lucy Wharton a Joseph
William Drexel. Fe'i ganed yn 1868. Priododd
John Vinton Dahlgren, a fu farw'n fuan ar ôl
iddynt gael dau o blant: Joseph Drexel Dahlgren, a
fu farw cyn cyrraedd ei flwydd oed, a John Vinton
Dahlgren (1892–1964). Yn naw ar hugain oed, yn
1901, priododd Harry Symes Lehr. Roedd Lehr yn
hoyw ac wedi priodi Elizabeth oherwydd ei harian,
ac ni allai hithau gael ysgariad gan fod ei mam yn
Gatholig. Adweinid Lehr fel 'the mauve decade's
court jester to US society'. Ar ôl ei farwolaeth yn
1929, ysgrifennodd Elizabeth lyfr amdano'n dwyn
y teitl *King Lehr and the Gilded Age* (1935) ac, yn
ddiweddarach, *Turn of the World* (1937), llyfrau
llawn anecdotau am Lehr a'r cyfoethogion megis
y Vanderbilts, y Belmonts, y Fishes a'r Drexels.
Felly, roedd Elizabeth yn berson digon adnabyddus
yn ei rhinwedd ei hun.

Ychydig flynyddoedd cyn y Rhyfel Byd Cyntaf,
prynasai'r Lehrs dŷ mawr ym Mharis, y drws nesaf
i lysgenhadaeth yr Almaen yn y rue de Lille. Yna,
ar ôl marwolaeth Lehr, a hithau bellach yn ei
thrigeiniau, priododd Elizabeth Sais a'i enw fel
petai'n dod yn syth o nofel P G Wodehouse, nid
amgen John Graham Hope de la Poer Beresford,
pumed barwn Decies. Yn 1937, a hithau bellach
yn Lady Decies, roedd Bessie'n bresennol yn

seremoni coroni'r Brenin George VI a'r Frenhines Elizabeth yn Abaty Westminster. Yn ei hieuenctid roedd hi'n hardd iawn ac fe beintiwyd portreadau ohoni gan Müller-Ury yn 1894, yn 1916 gan Giovanni Boldini mewn ffrog oren ysblennydd a chi Pomeranaidd ar ei harffed, ac yn 1936 gan Philip de László. Ond y ddelwedd enwocaf ohoni yw'r llun a dynnwyd gan Weegee yn 1943. Ys gwn i a oedd ganddi unrhyw syniad y byddai'n marw o fewn blwyddyn, yn 1944?

Ganed Mrs George Washington Kavanaugh yn 1867 fel Maria Magdalena Muller yn Richmond, Virginia. Yn ei hieuenctid, priododd William Haberle o Syracuse, Efrog Newydd, etifedd bragdy cyfoethog. Bu farw Haberle yn ifanc a symudodd Maria i Lundain. Yn 1912 priododd y Cyrnol Kavanaugh, gŵr cyfoethog arall oedd wedi gwneud ei ffortiwn mewn cotwm. Yn 1943, y flwyddyn y tynnodd Weegee y ffotograff enwog, prynodd y Kavanaughs dŷ enfawr drws nesa i'r clamp o dŷ oedd eisoes yn gartref iddynt ar East 62nd Street, Efrog Newydd. Roeddent yn amlwg yn gefnog iawn, felly. Yn wahanol i Lady Decies, parhaodd Mrs Kavanaugh i fynychu digwyddiadau mwyaf moethus cymdeithas gyfoethog America am bron i ddeng mlynedd arall. Tynnwyd ei llun yn aml gan ffotograffwyr eraill yng nghwmni ei merch, Mrs Leonora Warner, y ddwy bob amser yn eu cotiau ffwr a'u diemwntiau. Enillodd mab

Leonora Warner, William W Warner, wobr Pulitzer am *Beautiful Swimmers: Watermen, Crabs and the Chesapeake Bay* (1976). Ond os oedd ei ŵyr a'i ffrind yn dalentog, unig ddawn Mrs George Washington Kavanaugh, hyd y gwyddys, oedd gwisgo gwerth ffortiwn o emwaith wrth fynd o barti i barti. Roedd hi'n 'enwog am fod yn enwog' ys dywedir.

Mrs George Washington Kavanaugh yw seren llun Weegee. Smygrwydd wedi'i ymgnawdoli ydyw, yn dalp o arian a llwyddiant, tomen o hyder a balchder, ceiriosen o ddifaterwch ar dop y deisen gymdeithasol, a'i 'beirniad' yn ei dillad brwnt (boed honno wedi ei thalu gan Weegee neu beidio) ar waelod isaf y domen. Ond nawr nid yw hi'n neb, mae amser ac angau wedi ei dileu hi'n llwyr – oni bai am lun Weegee, sydd yn ein hatgoffa o un o'r hen enwau am angau, y Lefelwr. Bellach mae Mrs George Washington Kavanaugh a'i beirniad yn gydradd; ni wnaeth y tiara, y blodau tegeirian na'r got garlwm mo'i chadw rhag crafangau marwolaeth. Ei lwc hi oedd iddi symud o flaen camera Weegee cyn i'w stori ddiflannu i ebargofiant y nos sydd yn ei hamgylchynu yn y ffotograff.

Y lle mwyaf diddorol yn America i mi yw Efrog Newydd, ac Efrog Newydd yw dinas ddu, gwyn a llwyd Weegee. Petawn i'n mynd i America nawr, buaswn i'n mynd er mwyn chwilio am hanes

Norma, Mrs George Washington Kavanaugh a'r llofrudd Alan Downs, mewn ymgais i ddatrys dirgelwch eu presenoldeb yn y ffotograffau.

Nofelau yw lluniau Weegee, neu, yn hytrach, dudalennau o ganol nofelau. Darnau o storïau gyda'r dechrau a'r diwedd yn eisiau.

Llyfryddiaeth

Weegee, 1978
Weegee's New York 335: Photographs 1935–1960, 1982/1996

Trosglwyddwyd ffotograffau Weegee i'r International Center of Photography, Efrog Newydd, a gellir eu gweld ar ei gwefan: www.icp.org

Psycho Hitchcock a *Psycho* Van Sant

Clywed am y ffilm *Psycho* wnes i gyntaf a bu'n rhaid i mi ddisgwyl am flynyddoedd cyn ei gweld hi. Fe'i rhyddhawyd yn 1960 yn America, ond yn ddiweddarach na hynny ym Mhrydain, ac roedd yn rhaid aros sawl blwyddyn arall cyn iddi gyrraedd sinemâu de Cymru. A phan ddaeth hi o'r diwedd ni chawn fynd i'w gweld hi, waeth roedd hi'n ffilm 'X' a finnau'n rhy ifanc ar y pryd. Yn ddiweddarach fyth fe'i dangoswyd gyda'r nos ar y teledu, a finnau'n dal yn rhy ifanc i gael ei gweld. Ffilm arswyd oedd hi ac fe dyfodd rhyw chwedloniaeth yn ei chylch; gwyddai pawb fod merch yn cael ei lladd yn y gawod heb fod yn rhaid inni ei gweld. Felly, pan ddaeth y tro cyntaf hirddisgwyliedig hwnnw, roeddwn i'n nerfus iawn, ar y naill law, ond yn awyddus iawn i weld drosof fy hun y rheswm am yr holl gyffro. Ches i mo fy siomi.

Mae'n ffilm anghyffredin sy'n cyfuno gwaith gorau sawl artist: gwaith cyfarwyddo Alfred Hitchcock, yn amlwg; cerddoriaeth Bernard

Herrmann a theitlau Saul Bass. Seiliwyd sgript y ffilm gan Joseph Stefano ar nofel Robert Bloch a dyfodd o'i stori fer 'The Real Bad Friend'. A'r ysbrydoliaeth i'r stori honno oedd llofruddiaethau a gweithredoedd erchyll Ed Gein. Un o'r pethau mwyaf trawiadol am y ffilm, rhywbeth sy'n dal i fod yn hynod hyd heddiw, yw bod y prif gymeriad (ymddangosiadol) yn cael ei lladd, a ninnau'n ei gweld hi'n cael ei llofruddio, bron hanner ffordd drwy'r stori.

Dechreua'r ffilm gyda cherddoriaeth boenus, fygythiol a llawn tyndra ynghyd â llinellau cryfion sy'n torri ar draws y sgrin ac yn torri drwy enwau'r actorion, y cynhyrchwyr ac yn y blaen, llinellau ac enwau sy'n hollti a chwalu gyda'r gerddoriaeth. Ni welwyd ac ni chlywyd ffilm yn dechrau fel hyn yn y sinema erioed o'r blaen. Cydiodd y dechrau ynof yn syth ac mae'n rhaid fy mod i wedi gweld y ffilm ugeiniau o weithiau (dydw i ddim yn un o'r bobl hynny sy'n cadw cyfri o'r nifer o weithiau maen nhw wedi gweld *The Sound of Music/Titanic/ Avatar/The Shawshank Redemption*) ac, erbyn hyn, rwy'n ddigon cyfarwydd â'r stori, yr uchafbwyntiau, y gwendidau (yr esboniad ofnadwy ar y diwedd gan y seicdreiddydd) ac mae'r elfennau arswydus hyd yn oed (y llofruddiaethau, y fam-sgerbwd) wedi colli eu hergyd. Ond mae'n dal i fod yn ffilm y gellir ei gwylio dro ar ôl tro. Perthyn i'r ffilm wreiddiol naws swyngyfareddol, hypnotig bron.

Unwaith y mae rhywun yn dechrau ei gwylio hi, mae'n anodd ei diffodd.

Yna, yn 1998, fe ryddhawyd *Psycho* arall gan y cyfarwyddwr Gus Van Sant. Ei amcan, meddai, oedd cyflwyno ffilm roedd ef yn edmygydd mawr ohoni i genhedlaeth newydd o wylwyr nad oedd yn gyfarwydd ag edrych ar ffilmiau du a gwyn. I mi, mae peth o deimlad iasoer y ffilm wreiddiol i'w briodoli i'w natur *monochrome*. Stori dywyll yw hi, wedi'r cyfan, ac mae'n darlunio byd cysgodion a chorneli.

Nid ailwampiad neu *remake* yn ystyr arferol y term oedd y ffilm newydd i fod, ac fe benderfynodd Van Sant na fyddai'n ailstrwythuro nac yn newid dim; hyd y gallai fe fyddai'n cadw at y ffilm wreiddiol, gan ei dilyn ffrâm wrth ffrâm a chadw'r sgript wreiddiol gan Joseph Stefano, cerddoriaeth Bernard Herrmann a theitlau Saul Bass. Yn anorfod, mae yna fân newidiadau; fe ddiwygiodd y ffilm fel ei bod yn fwy cyfoes (yn wir, lle nad yw ffilm Hitchcock yn crybwyll dyddiad y digwyddiadau, mae Van Sant yn rhoi'r flwyddyn 1998 ar ddechrau'r stori) ac, er mwyn cyd-fynd â chwyddiant, yn 1998 mae Marion Crane yn dianc â $400,000 o'i gymharu â $40,000 yn y ffilm wreiddiol, ac am ryw reswm fe newidiodd Van Sant yr hen dŷ lle mae Norman Bates yn byw gyda'i 'fam' – ond dof yn ôl at y pwynt hwn yn nes ymlaen.

A dyma fi wedi dechrau cymharu'r ddwy ffilm. Mae hynny'n anochel, braidd, i'r sawl a 'fagwyd' ar fersiwn Hitchcock. Pan welais i fersiwn Van Sant gyntaf safai'r ffilm wreiddiol fel *palimpsest*, fel petai, y tu ôl i'r un newydd a thrwy bob golygfa. Nawr, rwy'n ffyddiog fod rhywun, os nad rhywrai yn rhywle, wedi cymharu'r ddwy ffilm yn fanwl gan ddadansoddi'n feirniadol y tebygrwydd a'r gwahaniaethau rhyngddynt. Nid wyf wedi darllen yr un o'r gweithiau hyn, ac nid fy mwriad yma yw bod yn feirniadol nac yn fanwl, eithr chwarae ar y cyfatebiaethau a'r gwahaniaethau rhwng y ddwy ffilm. Yr unig 'ymchwil' wnes i, ar wahân i wylio'r ddwy ffilm ochr yn ochr ar ddau chwaraeydd DVD yr un pryd, oedd gwrando ar y sylwebaeth DVD ar yr ail ffilm gan Gus Van Sant, Anne Heche a Vince Vaughn. Ychydig o oleuni a daflwyd ar yr ail *Psycho* gan y triawd hwn. Prif amcan y sylwebaeth oedd fod y tri yn canmol ei gilydd i'r cymylau ynghyd â phob un arall a fu ynglŷn â'r ffilm. Honnai Anne Heche na welsai'r ffilm wreiddiol a braidd yn ddisylwedd oedd ei sylwadau, ond o'i chymharu â Vince Vaughn roedd hi'n ddeallus, oherwydd mae ei gyfraniadau digyswllt a di-glem ef bron yn amhosibl i'w dilyn. A phrin iawn oedd gwerth ebychiadau'r Gus Van Sant dywedwst, chwaith. Yr unig beth defnyddiol ynglŷn â'r darnau 'ychwanegol' ar y DVD oedd sylwadau rhai gwybodusion ar ddechrau'r rhaglen ddogfen am y broses o wneud y ffilm dan y teitl anochel *Psycho Path*.

Roedd ymateb rhai i brosiect arfaethedig Van Sant yn ddiddorol iawn. Dywedodd Hilton Green, oedd yn ddirprwy gyfarwyddwr i Hitchcock ar y ffilm wreiddiol, 'They're going to get crucified.' Dywedodd Michael Musto o *The Village Voice,* 'You do not try to remake perfection.' Dywedodd Drew Casper, sy'n athro ffilm Americanaidd ym Mhrifysgol De California, 'Hitchcock's *Psycho* is a work of art. The *Mona Lisa* is a work of art. *David* is a work of art. Van Gogh's paintings are a work of art [*sic*]. Why do you re-create a work of art? I don't get it.' Druan â Drew Casper, mae annealltwriaeth yn beth mawr, ond o leiaf mae'n cydnabod cyfyngiadau'i amgyffred ei hun. Mae Danny Elfman yn disgrifio'r fenter fel hyn: 'For people who live in the religion of film this is like sanctimonious [*sic*] stuff and so you're messing with the Bible.' Mae'n debyg taw'r gair yr oedd y cyfansoddwr yn ymbalfalu amdano yma oedd 'sacrosanct', hynny yw, yn gysegredig. Yn sicr, dyna farn llawer o ffyddloniaid Hitchcock.

Dywedodd y golygydd ffilm Curtiss Clayton fod cynllun Van Sant 'sort of out-Warhol's Warhol', sy'n ddisgrifiad da. Hyd yn oed yn nes at y gwir yr oedd y cyfarwyddwr Andrei Konchalovsky, a ddywedodd, 'Is there any screenplay that has been remade? Very few. But *Hamlet* – many times.

Othello – many times.' Mewn geiriau eraill, ail-lwyfannu *Psycho* y sgript a wnaeth Gus Van Sant ac, er nad yw defnyddio'r un ddrama dro ar ôl tro yn anghyffredin (i'r gwrthwyneb, dyna'r drefn), mae defnyddio hen sgript ffilm a chadw'n ffyddlon at honno wrth wneud ffilm newydd, gan efelychu pob ffrâm o'r ffilm gyntaf, yn beth mor eithriadol nes ei fod yn drawiadol o wreiddiol. Teyrnged i Hitchcock yw ffilm Van Sant. Pe buasai wedi ailwampio'r stori, y plot, y gerddoriaeth a'r cyfan, fel y gwneir gyda'r ailwampiad cyffredin – fel y gwnaeth Hitchcock ei hun mor aml (fe wnaeth ail fersiynau o rai o'i ffilmiau ei hun a'r rheini'n wahanol iawn i'r rhai gwreiddiol) – yna fe allasai hynny fod wedi bod yn act o fandaliaeth.

Ond mae cwestiynau'n cael eu codi gan *Psycho* Van Sant ynghylch ble i'w lleoli mewn perthynas â *Psycho* Hitchcock. Fe ellir ei derbyn fel ailgynhyrchiad o'r testun gwreiddiol (sgript ffilm Joseph Stefano yn seiliedig ar nofel Robert Bloch) neu ynteu fe ellir gweld ffilm Van Sant fel creadigaeth newydd unigryw sy'n gadael ffilm Hitchcock ar ei hôl. Ond mae ei gwir leoliad i'w ganfod rywle rhwng y ddwy gan fod Van Sant yn dilyn nid yn unig y sgript ond hefyd dechnegau Hitchcock yn ffyddlon ac yn fwriadol – nid ymgais i ddileu'r gwreiddiol na'i ddisodli yw'r fersiwn newydd, eithr ymgais i'w ddiogelu ac adeiladu arno. Fe deimlai golygydd ffilm Van

Sant fod yr hen ffilm yn araf mewn mannau ond mynnai Van Sant fod yr un amseru a symudiad â ffilm Hitchcock yn cael eu cadw (yn y golygu), a hynny ar draul 'newydd-deb'. Nid creu rhywbeth newydd oedd y nod; eto i gyd, roedd creadigaeth Van Sant yn rhywbeth newydd.

Y prif wahaniaeth rhwng *Psycho* Van Sant a *Psycho* Hitchcock yw'r defnydd o liw. Yr ail wahaniaeth amlwg yw'r actorion – yn naturiol, ni allai Van Sant ddefnyddio'r un actorion â'r rhai yn y ffilm wreiddiol gan fod y rhan fwyaf ohonynt wedi marw, a'r rhai byw (John Gavin, Pat Hitchcock) yn oedrannus iawn. Y trydydd gwahaniaeth yw'r newid a wnaed i gartref Bates.

Lliw Y ffilm nesaf a wnaeth Hitchcock ar ôl *Psycho* oedd *The Birds*, ffilm liw. Ond roedd lliw'r gwaed yn y ffilm honno yn fermiliwn annaturiol. Pe bai Hitchcock wedi defnyddio lliw yn *Psycho* diau y byddai hynny wedi difetha peth o'i heffaith. Mae'r byd du a gwyn yn y ffilm wreiddiol yn rhan annatod o'i dieithrwch a'r naws sinistr a'r awyrgylch lle mae cyfrinachau'n cynyddu fel madarch yn y tywyllwch. Ar ddechrau fersiwn Van Sant, manteisir ar liwiau llachar, trawiadol: oren, gwyrdd golau, glas a melyn. Ond wrth i'r sefyllfa ddifrifoli, ac wrth i Marion Crane fynd yn ddyfnach i'w chors o anwireddau, mae'r lliwiau'n cilio, fel petai, nes iddi gyrraedd motel Bates ar noson dywyll ofnadwy. Prin yw'r lliwiau yn y rhan hon o ffilm Van Sant – yn wir, mae hi bron â bod mor unlliw â'r ffilm wreiddiol. Yna caiff Marion ei lladd yn y gawod ac, yn sydyn, mae cochni'r gwaed fel petai'n sgrechian o'r sgrin i gyd-fynd â llais y ferch yn ei chystudd erchyll olaf. Gwelir y cochni yn y dŵr ac yn haenen dros y bath gwyn. Yn yr hen ffilm edrychai'r gwaed yn ddu. Yna daw Norman i symud y corff a'i lapio yng nghyrten y gawod. Ac, wedi iddo wneud hynny, edrych i lawr ar ei ddwylo, y cledrau wedi'u gorchuddio â gwaed coch, sy'n ein hatgoffa o darddiad y gair 'llofrudd' – 'llaw' + 'rhudd' (h.y. coch gan waed).

Actorion Y newid mwyaf anochel yn y ffilm newydd oedd yr actorion. Ni wnaeth Van Sant unrhyw ymdrech i gael actorion oedd yn debyg o ran golwg i'r rhai yn yr hen ffilm. Go brin y byddai hynny wedi bod yn ymarferol. Yn *Psycho* Hitchcock, er bod perfformiad Janet Leigh fel Marion Crane yn ddigon derbyniol, seren y ffilm yw Anthony Perkins fel Norman Bates. Mae'r perfformiadau eraill yn gytbwys ond heb fod yn gofiadwy. Hwyrach fod eu cymeriadau yn deipiau, os nad yn stereoteipiau, fel nad oedd gofyn iddynt fod yn arbennig. Roedd John Gavin, a chwaraeai Sam Loomis, cariad Marion, yn hynod o olygus, un o actorion mwyaf hardd ei genhedlaeth, ond bron yn ddibersonoliaeth (yn ôl y sôn, dywedodd Hitchcock amdano, 'He has the charisma of balsa wood.'). Gellid dweud yr un peth am Vera Miles, a chwaraeai chwaer Marion, Lila. Yn ail ran y ffilm, yn dilyn y llofruddiaeth, mae Lila'n camu i ganol y stori gan ddisodli ei chwaer i bob pwrpas, a chan fod Vera Miles yn ddigon tebyg i Janet Leigh mae'n hawdd anghofio am y chwaer a laddwyd, weithiau. Mewn gwirionedd, dim ond rhan o'r aparatws sy'n dweud y stori yw Sam a Lila, eu pwrpas yw darganfod a dangos beth ddigwyddodd i Marion.

Mae yna gymeriad arall, sef y ditectif â'r enw ardderchog Arbogast, a chwaraewyd yn ffilm Hitchcock gan Martin Balsam. Unwaith yn rhagor, teclyn, fel petai, i symud y stori yn ei blaen yw'r cymeriad hwn a byrhoedlog yw ei ran yn y ffilm. Mae'n synhwyro euogrwydd Norman Bates yn weddol ddidrafferth ac, o ganlyniad, mae Norman yn gorfod cael gwared ag ef ar y cyfle cyntaf posibl. O'i gymharu â'r actorion eraill yn ffilm Hitchcock – ac eithrio Anthony Perkins a gawsai ei enwebu am Oscar yn 1956 am ei ran yn ei ail ffilm, *Friendly Persuasion* – roedd Martin Balsam yn weddol adnabyddus. Yn wreiddiol, bu Hitchcock yn meddwl am *Psycho* fel drama fer ar gyfer ei gyfres deledu 'Alfred Hitchcock Presents' ac, felly, nid aeth ati i chwilio am actorion adnabyddus. Actor rhannau ymylol mewn ffilmiau ac wyneb cyfarwydd ar y teledu yn y pumdegau oedd Martin Balsam.

Amcan gwahanol oedd gan Van Sant wrth

ddewis ei gast; chwiliodd am actorion gweddol gyfarwydd oedd yn adnabyddus am eu deongliadau deallus. Yn anffodus, gyda phob un o'r actorion hyn yn ymdrechu am y gorau i 'serennu' rhoddir pwyslais gwahanol a braidd yn anghytbwys i'r gymeriadaeth. Yn y ffilm gyntaf, mae'r sylw i gyd ar Janet Leigh sy'n mynd i gael ei llofruddio ac Anthony Perkins, y llofrudd.

Fel y nodwyd yn barod, roedd – ac y mae – y ffilm yn eithriadol, gan fod y brif seren yn diflannu bron hanner ffordd drwy'r stori a ninnau wedi uniaethu â hi. Ond yr hyn sydd yn fwy annisgwyl byth yw fod Hitchcock yn llwyddo i ennyn cydymdeimlad â'r llofrudd nes ein bod ni'n ochri gydag ef yn erbyn y 'rhai sy'n credu mewn trefn', a gynrychiolir gan Arbogast, y chwaer, y cariad a'r siryf. Wedi'r cyfan, nid Norman yw'r llofrudd eithr ei 'fam' sydd wedi ei feddiannu ac, er gwaethaf ei nerfusrwydd a'i odrwydd, mae Anthony Perkins yn rhy fachgennaidd a dymunol a chwrtais (mae'n gwneud brechdanau i Janet Leigh/Marion Crane) i'w gasáu. Er bod Vince Vaughn yn cyfleu natur *kinky*'r cymeriad – ac o ganlyniad yn ein dieithrio oddi wrtho – nid yw'n gallu dileu'r argraff a wnaeth Anthony Perkins yn y ffilm wreiddiol. Yn wir, roedd perfformiad Perkins mor annileadwy fel na lwyddodd ef ei hun i ddianc rhag ei rôl am weddill ei oes. Fe aeth ymlaen i actio Norman Bates yn *Psycho II* (1983,

Richard Franklin), *Psycho III* (a gyfarwyddwyd gan Perkins ei hun yn 1986) a *Psycho IV* (1990, Mick Garris, ar gyfer y teledu) – pob un ohonynt yn waeth na'r un flaenorol a dim un cystal â'r fersiwn gwreiddiol dan law'r Meistr.

Mae Vince Vaughn yn fwy bygythiol a pheryglus na Perkins ac mae'n amlwg fod colled ar ei Norman Bates ef, felly nid yw'r llofruddiaeth mor hynod o annisgwyl. Aeth Van Sant gam ymhellach na Hitchcock, a dangos Bates yn mastyrbio wrth edrych ar Marion Crane drwy dwll yn y wal. Collir un o effeithiau mwyaf syfrdanol y ffilm gyntaf, felly, yn sgil perfformiad Vince Vaughn sy'n awgrymu o'r dechrau bod gan Norman Bates y gallu i gyflawni rhywbeth erchyll.

Roedd perfformiad Janet Leigh yn ddigon niwtral fel y gallai unrhyw un ei roi ei hun yn ei lle ond daeth Anne Heche â llawer mwy o bersonoliaeth i'r rhan. Ar brydiau mae ei hactio hunanymwybodol yn codi'r dincod ar rywun. Wrth iddi golli'r heddwas sy'n dilyn ei char mae'n gwneud gormod o sioe ar ei hwyneb i ddangos ei rhyddhad, ac wrth iddi yrru drwy'r tywyllwch, mae'n gwneud gormod o glemau. Pan gaiff ei llofruddio wedyn, nid yw'r golled yn rhy anodd i'r gynulleidfa ddod i delerau â hi. Dyma, eto, un o brif effeithiau'r ffilm wreiddiol.

Daw Julianne Moore i ail ran y ffilm fel Lila, yn amlwg gyda'r bwriad o'i sefydlu ei hun fel tipyn o bersonoliaeth. Lle roedd Vera Miles yn llariaidd nes ei bod yn anweledig, bron, mae Julianne Moore yn ymosodol, yn uchel ei chloch, yn ddidderbyn-wyneb. Am ryw reswm, yn ôl yr actores mewn cyfweliad, penderfynodd Moore chwarae Lila fel lesbiad, ond gan mai syniad ym mhen yr actores yn unig oedd hyn dylid maddau i'r sawl nad yw'n gweld hynny yn y ffilm.

Pan ffilmiwyd *Psycho* Van Sant yn 1998, nid oedd Viggo Mortensen, sy'n chwarae Sam Loomis, cariad Marion, wedi gwneud ffilmiau *The Lord of the Rings*, felly, nid oedd yn wyneb mor arbennig o adnabyddus ag y mae wedi bod ers hynny. Er bod rhai yn ei gyfrif yn actor golygus, nid yw mor gonfensiynol hardd â John Gavin yn y ffilm wreiddiol. Ac er iddo ddod ag ychydig o bersonoliaeth i'r rhan, mae actio Mortensen yn ddigon prennaidd a lletchwith ar brydiau.

Chwaraewyd rhan Arbogast gan William H Macy. Nid yw ei berfformiad yn wahanol iawn i un Martin Balsam er iddo ddod ag elfen o gomedi i'r rhan.

Am yr actorion yn y rhannau ymylol, mae'n werth nodi bod y rhai a chwaraeodd gyflogwr Marion, Mr Lowery, a'r plismon yn yr ail ffilm, yn agos iawn o ran pryd a gwedd i'r actorion yn y ffilm wreiddiol. Ar y llaw arall, chwaraewyd yr ysgrifenyddes sy'n gweithio yn yr un swyddfa â Marion gan Pat Hitchcock, merch y cyfarwyddwr;

yn yr ail ffilm chwaraeir yr ysgrifenyddes gan fenyw hynod o *glamorous* a hollol wahanol i Pat Hitchcock.

Cartref Bates Am ryw reswm newidiodd Gus Van Sant yr hen dŷ lle mae Norman Bates a'i 'fam' yn byw. Nid yw'n glir pam y gwnaeth hynny, gan fod y tŷ gwreiddiol yn dal i sefyll ac, yn wir, fe gododd Van Sant *façade* y tŷ newydd o flaen yr hen un a ddefnyddiwyd gan Hitchcock. Credai Van Sant fod yr hen un yn rhy 'ginger breadish'. Seiliodd Hitchcock y tŷ yn y ffilm wreiddiol ar beintiad gan yr artist Americanaidd Edward Hopper – credaf taw'r llun *House by the Railroad*, 1925 yw'r ffynhonnell, tŷ hynod o 'sbwci' oedd yn gymeriad ynddo'i hun yn y ffilm. O newid yr adeilad hwn am un llawer llai 'sinistr' yr olwg, hwyrach nad yw'r gynulleidfa'n cael ei pharatoi i rag-weld rhywbeth ysgeler. Gellir cyfiawnhau hynny, felly, fel ffordd o gamarwain y gwylwyr, ond unwaith yn rhagor collir elfen sy'n cyfrannu at naws ffilm Hitchcock.

I mi, y peth mwyaf diddorol am y ddwy ffilm yw'r gyfatebiaeth a'r cyfochredd rhyngddynt ar y naill law a'r mân wahaniaethau neu'r amrywiadau ar y llall. Hoffwn nodi rhai o'r pethau y sylwais arnynt, a hynny mewn ffordd hollol anacademaidd ac o ran hwyl yn bennaf.

Yn *Psycho* 1960, ymddangosodd Hitchcock yn ei *cameo* arferol (er nad ymddangosodd ym mhob un o'i ffilmiau) yn sefyll yn y stryd y tu allan i'r swyddfa lle mae Marion yn gweithio. Yn *Psycho* 1998, gwelir 'Hitchcock' yn sefyll yn yr un lle yn dweud y drefn wrth Gus Van Sant. Wrth wneud hynny, onid oedd Van Sant yn rhag-weld peth o feirniadaeth 'ysbryd' Hitchcock a dicter rhai o'r puryddion oherwydd ei fod mor haerllug ag ymyrryd â'i ffilm glasurol? Mae hiwmor yr olygfa yn amlwg ac mae'n werth cofio bod Hitchcock wedi mynnu taw comedi oedd ei ffilm a hwyrach fod yr un elfen o gomedi dywyll yn fersiwn Van Sant hefyd.

Wrth i Marion ffoi a gyrru drwy Phoenix daw wyneb yn wyneb â'i chyflogwr, Mr Lowery, yn croesi'r heol o flaen ei char. Yn y ffilm gyntaf, gwelir 'Upton Candies' y tu ôl i Lowery. Y tu ôl i Lowery yn yr ail ffilm gwelir 'Confectioners'.

Rhif car Marion yn y ddwy ffilm yw ANL 709. Mae sawl un wedi tynnu sylw at y ffaith nad oes modd dweud y llythrennau hyn heb wneud iddyn nhw ffurfio'r gair 'anal'. Nid yw'n bosibl dweud a oedd hyn yn anfwriadol ynteu'n jôc ar ran Hitchcock.

Mae Marion yn lapio'r arian mewn papur dyddiol. Yn y ddwy ffilm mae'r gair 'okay' i'w weld ar y papur. Afraid dweud nad yw pethau ym mywyd Marion yn 'okay' o bell ffordd.

Wrth i Marion yrru drwy'r glaw trwm mae'r weipars yn gwbl aneffeithiol. Ymddengys arwydd y Bates Motel fel gwerddon iddi, felly. Yn yr ail ffilm, mae'r arwydd yn dweud 'Bates Motel Newly Renovated'.

Geiriau cyntaf Norman Bates yn y ddwy ffilm yw 'Gee, I'm sorry, I didn't hear you in all this rain.' Mae dillad Vince Vaughn yn 1998 yn cyfateb bron yn union i ddillad Anthony Perkins yn 1960. Er bod ffasiynau'r cymeriadau eraill wedi newid yn sylweddol, fe ymddengys nad yw dillad llofruddion gwyrdroëdig wedi amrywio nemor ddim yn ystod deugain mlynedd, bron.

Wrth iddi fynd i mewn i swyddfa Norman, gwêl Marion dylluan wedi'i stwffio a'i hadenydd ar led. Ceir hyn yn y ddwy ffilm.

Dywed Norman, 'I don't really know anything about birds' – cofier taw cyfenw Marion yw Crane, sef crychydd – 'My hobby is stuffing things.'

Ceir cyfatebiaeth agos a manwl gywir rhwng y ddwy ffilm yng ngolygfa enwog y gawod ond wrth i Marion Crane farw mae Van Sant yn mewnosod fflachiadau yn ei meddwl: cymylau tywyll yn symud dros y ffurfafen a channwyll ei llygad yn ymledu. Mae hyn yn dwyn i gof fflachiadau swrealaidd tebyg yn ei ffilm *My Own Private Idaho*. Dengys ychydig mwy o gorff noeth Anne Heche nag o gorff Janet Leigh yn y ffilm wreiddiol.

Tynnir mas oddi wrth wyneb marw Marion Crane yn rhwyddach yn ffilm Van Sant. Ond yn y ddwy ffilm canolbwyntir ar lygad agored yr actores. Er bod hyn yn ymddangos fel llun llonydd, gwelir diferyn o ddŵr yn disgyn o wyneb yr actores yn y naill ffilm a'r llall. Pa mor anodd oedd hi, ys gwn i, i gadw'r llygad yn llonydd cyhyd?

Ceir cyfatebiaeth agos eto rhwng y ddwy ffilm wrth i Norman Bates 'ddod o hyd' i'r corff, fel petai, am y tro cyntaf. Mae'n bwrw i'r llawr yr un llun o'r aderyn oddi ar y wal yn ei fraw wedi iddo weld yr alanas yn yr ystafell ymolchi, ac mae ystumiau Vince Vaughn yn cyfateb i rai Anthony Perkins yn y ffilm gyntaf.

Yn nes ymlaen, wrth iddo fynd i mewn i'r tŷ, fe gaiff Arbogast ei drywanu ar draws ei wyneb ac yma eto mae Van Sant yn mewnosod fflachiadau yn ei feddwl wrth iddo drengi: merch noethlymun a dafad yn sefyll ar ganol heol yn y glaw. Mae'r ddau Arbogast yn cwympo yn ôl yn yr un ffordd artiffisial bypedaidd yn y ddwy ffilm (Hitchcock a osododd y patrwm). Awgryma Van Sant yn y fflachiadau nad pethau pwysig sy'n mynd trwy ein meddyliau yn ein heiliadau olaf, eithr atgofion a delweddau dibwys, digyswllt.

Un o'r rhannau pwysicaf yn fersiwn Van Sant yw honno tua'r diwedd lle mae Lila yn mentro i'r hen dŷ ar ei phen ei hun. Yn y rhan hon, fe bwysleisir ffyddlondeb Van Sant i ffilm Hitchcock, gan brofi nad ailwampiad mo'r ffilm hon ond, ar yr un pryd, dengys ei wreiddioldeb ei hun. Llwydda Van

Sant i gyfleu'r un teimlad o dresmasu wrth fynd i mewn i gartref Bates ag y gwnaeth Hitchcock, a'r un profiad o gael cipolwg ar fyd a bywyd dirgel pobl eraill, a hynny heb wahoddiad. Yn ystafell wely Mrs Bates gwelir yr un cerflun o ddwylo ar y bwrdd ymbincio, sef *Dwylo Josephine* fel y'u gelwir, a'r un pantiau yn y gwely ar ffurf dau gorff. Ond yn ystafell Norman, ar ei chwaraeydd recordiau, ceir 'Eroica' Beethoven yn ffilm Hitchcock ond 'The World Needs a Melody' gan George Jones a Tammy Wynette yn ffilm Van Sant, dewis llawer mwy *camp*. Yn fersiwn Hitchcock, egyr Lila lyfr heb ddangos ei gynnwys er bod ei hwyneb yn cyfleu ffieidd-dod; yn 1998 mae Lila yn dod ar draws cylchgronau pornograffig heb synnu llawer. Ac yn y seler lle mae Lila yn darganfod 'Mrs Bates' – hynny yw, y sgerbwd y mae Norman yn dal i'w gynysgaeddu â bywyd ei fam – ceir adardy, a'r adar byw yn deyrnged bellach, efallai, i ffilm nesaf Hitchcock, *The Birds*.

Themâu: arian a'r elfen erotig Ymdrechodd Van Sant i gadw mor agos ag y gallai at yr hen ffilm gan ddilyn ei hamserlen, hyd yn oed, a'i saethu o fewn cyfnod o ddau ddiwrnod ar bymtheg ar hugain, fel y gwnaethai Hitchcock.

Seiliodd Robert Bloch ei nofel ar hanes Ed Gein, a ddaliwyd yn 1957 a'i gartref yn llawn cyrff a rhannau o gyrff menywod, rhai wedi'u llofruddio ganddo a rhai wedi'u dwyn o'r fynwent. Seiliwyd sawl ffilm arall ar yr un stori arswydus, megis *The Texas Chainsaw Massacre* a *The Silence of the Lambs*. Er nad wyf i wedi gweld neb arall yn crybwyll hyn, credaf fod y syniad ar gyfer y motel a'r mamleiddiad, efallai, i'w olrhain yn ôl i 1956 pan laddodd John Graham ei fam ynghyd â deugain a phedwar o deithwyr eraill drwy osod bom yn ei chesys pan aeth hithau ar awyren. Roedd ei fam wedi talu ei ddyledion ac wedi prynu bwyty min ffordd, lle hynod o debyg i motel Bates. Ond yn dilyn anghytundeb rhwng Graham a'i fam, fe yswiriodd ei bywyd am $62,500 cyn ffarwelio â hi yn y maes awyr wrth iddi gychwyn ar ei gwyliau – ei hangau, heb yn wybod iddi na'i chyd-deithwyr, wedi ei bacio yn ei bagiau.

Ond nid ffilm iasoer sy'n dibynnu ar wefr a braw yn unig mo *Psycho* (1960 na 1998). Angorir y stori ym mhroblemau ariannol a charwriaethol Marion Crane. Mae ei chariad, Sam, yn byw o'r llaw i'r genau gan fod yn rhaid iddo glirio dyledion a etifeddodd gan ei dad, yn ogystal â thaliadau alimoni i'w gyn-wraig. Felly, mae'n amhosibl iddo ef a Marion briodi. Yn 1960, roedd moesoldeb y dydd yn gomedd iddynt gyfarfod yn gyhoeddus ac ystyrid eu perthynas yn un odinebus, yn dechnegol, er yn gyfiawn, gan fod Sam wedi cael ysgariad; dim ond prinder arian sy'n eu rhwystro rhag priodi. Mae'r sefyllfa yn colli peth o'i grym erbyn 1998, gan nad oedd cyd-fyw cyn priodi yn anghyffredin, ond yr un problemau ariannol sydd gan Sam a'r un teulu sydd gan Marion, a hwnnw'n mynnu ei bod hi'n cadw at safonau piwritanaidd llym. Dramateiddir hyn i gyd yn yr olygfa gyntaf.

Yn yr olygfa nesaf, fel ateb i weddi heb ei gofyn, fe gyflwynir ateb i'w problemau. Daw gŵr busnes, Mr Tom Cassidy, i'r swyddfa ag arian parod ($40,000 yn ffilm Hitchcock; $400,000 yn ffilm Van Sant) i brynu tŷ fel anrheg briodas i'w ferch. Mae braidd yn anhygoel y byddai dyn busnes hirben yn ymddiried cymaint o arian parod i ferch mewn swyddfa ond dyma 'McGuffin' Hitchcock yn *Psycho*. Felly, mae digon o arian parod i'w rhyddhau yn disgyn, yn llythrennol i bob pwrpas, ar arffed Marion. Mae'n ormod o demtasiwn. Heb iddi lawn amgyffred y canlyniadau na ffolineb y weithred, mae Marion yn rhedeg i ffwrdd gyda'r arian. O hynny ymlaen mae'r arian oedd i fod i ddatrys problemau Marion a Sam yn broblem – problem o ran ei swmp a'i sylwedd; mae'n lletchwith ac yn drwm ac yn anghyfleus o anodd i'w guddio. I ddechrau, mae hi'n stwffio'r ddau floc o arian papur mewn amlen a band rwber amdani ac yn eu cadw mewn bag siopa agored. Fel ei chydwybod euog, mae'r arian yn brigo i'r wyneb o hyd. Pan groesa Lowery a Cassidy y ffordd o flaen car Marion yn y ddinas, fe wêl ei chyfle olaf i droi yn ôl a mynd â'r arian i'r banc, ond ymlaen â hi i wynebu ei thynged. Pan gura'r heddwas ar ffenest ei char a gofyn am gael gweld ei thrwydded, rhaid i Marion dwrio yn ei bag o dan y pecyn arian gyda'r heddwas yn edrych yn amheus dros ei hysgwydd.

Yna, yn y modurdy, wedi iddi ddewis car arall yn lle ANL 709 (rhif yr ail gar yw NFB 418, sy'n cynnwys prif lythrennau Norman Bates), rhaid iddi fynd i'r tŷ bach i dynnu arian i dalu am y car newydd o un o'r blociau. Rhaid iddi wneud hyn yn llechwraidd ac mae'r arian yn drwsgl ac anhylaw. Ymddengys y pecyn beichus eto wrth i Marion chwilio am le i'w guddio yn ei hystafell yn y motel. Tery ar y syniad o lapio'r blociau mewn papur newydd ac mae'r ffordd y gwna hynny yn ffilm Hitchcock yn hynod o drawiadol. Mae'n dodi'r ddau floc i lawr ochr yn ochr, yna, yn plygu hanner y papur dros y blociau; wedyn mae'n creu cwys yn y papur rhwng y blociau ag ochr ei llaw fel petai'n torri rhywbeth â bwyell. Dilyna Anne Heche yr un symudiadau â Janet Leigh yn ffilm 1998. Yna gedy'r arian wedi'i lapio yn y papur newydd ar y bwrdd erchwyn gwely.

Ar ôl llofruddio Marion, mae Norman yn dodi ei chorff yng nghist ei char ac yn mynd â'i holl eiddo, ynghyd â'r papur newydd, heb wybod am ei gynnwys gwerthfawr, ac yn eu taflu i'r gist gyda'r corff – y corff a'r arian a'r cyfan fel sbwriel. Yna mae Norman yn gyrru'r car at ymyl y gors ac yn ei wylio'n cael ei draflyncu gan y dyfnderoedd pygddu – y car, yr arian a Marion. Nid yw'n glir a oedd y stori'n foeswers ai peidio, a Marion yn cael ei chosbi am ei thrachwant a'i hariangarwch ond dywedodd Joseph Stefano: 'I always felt that anybody who gets murdered was on the verge of doing something wonderful... She decides she's going to return the money. She's going to purify herself. She goes in to take a shower, and somebody comes and stabs her to death.'

Law yn llaw â thema ariangarwch, rhed thema blys rhywiol. Yn wir, fe ellir cyfuno'r ddwy thema dan ymbarél trachwant. Ysgogir temtasiwn Marion i ddwyn yr arian gan ei hawydd i feddiannu Sam. Rhwystrir Sam rhag priodi Marion a ffurfio perthynas 'barchus' dderbyniol â hi gan ei ddyledion. Ac ar ei ffordd i ryw hafan deg ddychmygol heb broblemau ariannol yng nghwmni Sam, daw Marion wyneb yn wyneb â chreadur sydd (yn enwedig yn nehongliad Vince Vaughn) yn ymgorfforiad o chwant rhywiol. Ond pam fod yn rhaid i Norman Bates gael gwared ar Marion? Nid yw'r ateb clinigol a roddir gan y seicdreiddydd ar ddiwedd y ddwy ffilm (ar ffurf ychydig mwy cryno yn fersiwn Van Sant) yn foddhaol iawn. Mae'n debyg fod y rhesymau'n gymhleth iawn a hoffwn i ddim cynnig rhyw ateb seicolegol amaturaidd i gymhellion cymeriadau dychmygol mewn drama. Ond teimlaf fod yr isgerrynt rhywiol yn gyfoethocach yn nrama Hitchcock. Er bod Gus Van Sant yn gwbl agored ynghylch y ffaith ei fod yn hoyw ac yn un o'r cyfarwyddwyr llwyddiannus cyntaf i drafod themâu cyfunrywiol ym mhrif ffrwd ffilmiau America, ni welodd *Psycho* fel prosiect a oedd yn addas ar gyfer ymdriniaeth hoyw.

Ar y llaw arall, er bod Hitchcock yn ŵr priod ac yn dad i'r actores Pat Hitchcock, mae sawl beirniad wedi darganfod elfennau hoyw yn ei ffilmiau yntau, yn enwedig yn *Strangers on a Train* a *Rope*. Menywod Hitchcock sydd wedi cael eu dadansoddi dros y blynyddoedd. Trafodwyd y ddelwedd o'r ferch benfelen oeraidd (Grace Kelly, Kim Novak, Tippi Hedren ac eraill) a'i agwedd amwys, fisogenistaidd o bosib, tuag atynt, mewn nifer o astudiaethau. Ond fe ddewisodd Hitchcock ddynion gwrywaidd cryf, golygus i'w cyfosod gyda'i actoresau hardd. Ei hoff actorion oedd James Stewart (a gynrychiolai'r dyn dibynadwy) a Cary Grant (y dyn deniadol, digyffro). Yn ychwanegol at y rhain, o bryd i'w gilydd, yn anfwriadol neu beidio, fe dewisodd ddynion pert hefyd ar gyfer rhai o'i ffilmiau; Farley Granger yw'r un mwyaf nodedig, yn *Rope* a *Strangers on a Train*. Ac fe gastiwyd dau actor golygus iawn yn *Psycho* yn Anthony Perkins a John Gavin. Yn gam neu'n gymwys, yn fwriadol neu beidio, fe synhwyrir rhyw dyndra rhywiol rhyngddynt ym mhob golygfa lle maen nhw'n ymddangos gyda'i gilydd. Pan mae Sam yn ceisio cadw sylw Norman wrth i Lila fentro i mewn i'r hen dŷ, fe gyflëir yr elfen erotig sydd yn yr awyrgylch gan Anthony Perkins, yn bennaf drwy ei ymddygiad chwithig, bachgennaidd, swil, ei ddwylo yn ddwfn yn ei bocedi. Yn y ddwy ffilm, wyneba'r ddau actor ei gilydd mewn rhyw ornest hyder. Ond mae'r ffilm ddu a gwyn, yn anfwriadol mae'n debyg, yn amlygu tebygrwydd rhwng John Gavin ac Anthony Perkins, ill dau yn dal ac yn dywyll, lle mae'r ffilm liw yn dangos yn glir y gwahaniaeth rhwng pryd a gwedd Viggo Mortenesen a Vince Vaughn. Mae Vince Vaughn yn dalach o dipyn (6' 5") na Viggo Mortensen (5' 10") – roedd John Gavin yn dalach (6' 4") nag Anthony Perkins (6' 1½") – ac, o ganlyniad, yn *Psycho* 1998 nid yw Sam Loomis yn gymaint o fygythiad i awdurdod bregus Norman Bates. Bu'n rhaid i Anthony Perkins dorri drwy'r blocio sy'n codi rhwng y ddau drwy ystryw a chyflymder; mae Vince Vaughn yn ei dorri drwy nerth bôn braich. Yn y ffilm wreiddiol, felly, ymddengys Anthony Perkins yn wannach ac yn haws ei drechu nag y gwna Vince Vaughn yn y ffilm ddiweddarach, ond mae John Gavin yn ymgorffori delwedd yr arwr yn well o lawer na Viggo Mortensen. Ni cheir yr un awgrym o dyndra rhywiol rhwng y ddau ddyn yn ffilm Van Sant. Mae ffilm Hitchcock yn cyfleu brwydr fewnol Norman Bates wrth iddo ymgiprys â'i deimladau rhywiol dyrys, ac oherwydd bod ei reddfau'n groes i'w fagwraeth foesol (a gynrychiolir gan lais ei fam) mae ei hunaniaeth yn ymddryllio ac, yn anochel, yn arwain at wallgofrwydd. Ni ellir dweud a oedd hyn yn fwriad gan y nofelydd Robert Bloch, y sgriptiwr Joseph Stefano, y cyfarwyddwr Alfred Hitchcock, neu'r actor Anthony Perkins (a ymgodymai â'i rywioldeb ei hun ar hyd ei oes) neu'n ddamweiniol, gan fod bwriad yn ddirgelwch ar y naill law ac yn amherthnasol ar y llall. Y gwir amdani yw taw dyna effaith y ffilm wreiddiol.

Wedi edrych ar y ddwy ffilm ochr yn ochr fel hyn ofnaf nad yw *Psycho* 1998 yn llwyddo i gyflwyno'r hen glasur i genhedlaeth newydd o wylwyr oedd yn anghyfarwydd â ffilmiau du a gwyn. Mae'n ffilm dda ond yn wahanol iawn i'r un wreiddiol. Teimlaf y dylai awdur y sgript, Joseph Stefano, gael mwy o glod; wedi'r cyfan, ei ddramateiddiad ef o'r stori yw'r sylfaen sy'n gyffredin i'r ddwy ffilm. Mae pob campwaith o ffilm, yn wir pob campwaith sy'n gofyn am gydweithrediad rhwng nifer o bobl (drama, opera, dawns, ac yn y blaen) yn dibynnu nid ar y cyfarwyddwr yn unig, na'r cynhyrchydd, na'r actorion, na'r sgript, na'r gerddoriaeth, eithr ar gyfuniad rhwng yr holl elfennau hyn ac ar rywbeth arall ar ben hynny na ellir ei ddiffinio heblaw fel 'alcemi'. Fe geir yr elfennau hyn yn *Psycho* 1998 ond ni cheir alcemi *Psycho* 1960.

O.N.

Lluniais yr ysgrif hon cyn i mi glywed am lyfr Stephen Rebello, *Alfred Hitchcock and the Making of Psycho* (1990), a addaswyd yn ffilm yn ddiweddar gydag Anthony Hopkins yn chwarae rhan y Meistr. Er imi weld y ffilm, nid wyf eto wedi darllen y llyfr.

Gwaith Catrin Howell yn Seiliedig ar Anifeiliaid Chwedlonol

Clasurydd yw Catrin Howell, yn yr un modd ag y mae Giacometti a Barbara Hepworth a Lucie Rie yn glasurwyr. Gwelir yng ngwaith yr artistiaid hyn i gyd yr un ymchwil ddyfal am ffurfiau ar gyfer eu gwelthdigaethau sydd yn eu gorfodi, fel petai, i amrywio yr un cnewyllyn digon cyfyng o syniadau drosodd a throsodd. Mân amrywiadau di-ben-draw ar yr un delweddau yw eu gwaith, yr ymdrech ddiflino i wireddu ac i berffeithio'r weledigaeth. Ar yr un pryd, yn baradocsaidd, mae hi'n rhamantydd hefyd oherwydd ei thestunau cyson yw chwedloniaeth, mytholeg ac anifeiliaid lled ffantasïol. Dywed Catrin am ei gwaith ei hun, 'Rwy'n cael fy hudo gan chwedloniaeth gan ei bod yn caniatáu i'r amhosibl ddigwydd; mae'n herio'n rhagdybiau ynghylch y real a'r tybiedig. Mae gen i ddiddordeb yng nghyffredinolrwydd mytholeg, naratif a symboliaeth, sut y mae themâu yn bodoli ym mytholeg sawl diwylliant.'

Yr anifeiliaid mwyaf enigmatig a lledrithiol yn y byd – y byd hwn a'r 'byd arall' – sef bleiddiaid (ond nid bleiddiaid yn gymws chwaith, gan fod Catrin yn sôn am gŵn a bleiddgwn mewn gweithiau megis *Cŵn Annwn, Cŵn Osian, Bleiddgŵn* neu *Helgŵn Melvich*) a cheffylau (ac eto, nid ceffylau yn union, eithr ceffylau dŵr neu'r bwci dŵr, hynny yw, y *kelpie* arallfydol, fel yn y gweithiau *Bwci Gwynfi* a *Bwci Dŵr*). Ceir creaduriaid eraill hefyd yn ddiweddar, gan gynnwys pennau ceirw, ac fe geir y *Twrch Trwyth* a *Twrch Culhwch*. Sylwer ar y cysylltiadau chwedlonol: y Mabinogi, llên gwerin Geltaidd ac Ewropeaidd. Cyfyng hefyd, yn fwriadol, yw ei bwrdd lliwiau; mae'r rhan fwyaf o'i hanifeiliaid naill ai'n wyn, sy'n dynodi purdeb, neu'n wyrddlas. Lliwiau'r dyfroedd sydd amlycaf

Kelpies arallfydol Catrin Howell

yn ei gwaith – glas y llynnoedd dyfnaf a gwyrdd y weilgi.

Consuria'i chŵn ddelwedd o'r anifail mwyaf lluniaidd, sef y milgi. Ci o dras uchel hynafol, helgi'r Eifftiaid, yr unig gi y sonnir amdano wrth ei frid yn y Beibl (fel un o'r 'pedwar peth a rodiant yn weddus... milgi cryf yn ei feingefn'), ci hud a lledrith y Mabinogi, cŵn Annwn ac eto, ci digon cyffredin. Cerflun byw, campwaith artiffisial, felly, yw'r milgi, canlyniad cenedlaethau dirifedi o fridio systematig. Yr un pryd, mae yna awgrym o'r blaidd yng nghŵn Catrin Howell – yr anifail mwyaf enigmatig a dirgel yn y byd i gyd, ond odid. Cynrychiola'r blaidd fywyd gwyllt, ond gwylltineb soffistigedig ydyw. Creadur naturiol a chreadur mytholegol yw'r blaidd, cymeriad sy'n cymryd rhan yn storïau gwerin y rhan fwyaf o ieithoedd a diwylliannau'r byd. Dywed Barry Holstun Lopez am symboliaeth y blaidd, 'It is rooted in the bedrock of the soul.'

Yn *Galwad y Blaidd*, dywed Cledwyn Fychan:

Y mae'n amlwg oddi wrth dystiolaeth hen greiriau Celtaidd sydd wedi'u darganfod ledled Ewrop fod gan ein cyndeidiau yn y cynfyd gryn barch at y blaidd. Credai Celtiaid y Cyfandir eu bod yn ddisgynyddion Dispater, duw sy'n gysylltiedig ag Annwfn ac a ddarlunnir yn gwisgo clogyn o groen blaidd. Mewn lluniau o'r duw corniog, Cernunnos, mae ganddo flaidd ar y naill ochr iddo a charw ar y llall.

Ac mae bleiddgwn Catrin Howell yn llwyddo i gyfuno gwarineb ar y naill law, yn rhith y milgi sydd yn gynnyrch gwareiddiad, a gwylltineb ar y llall, yn rhith y blaidd anchwiliadwy. Egyr ei chŵn eu safnau danheddog gan ysgyrnygu'n ffyrnig a gwenu'n ofnus yr un pryd. Gwelir ynddynt gadernid ac ansicrwydd.

Goroeswyr yw cŵn Catrin Howell. Safant uwchlaw dyfroedd Cantre'r Gwaelod a Kêr-Is, ar gopa'r mynydd, ar ben y to uchaf, un ci wedi dringo ar gefn ci arall. Ceir ganddi gŵn 'deulawr', fel yn achos *Cŵn Osian*, *Cŵn Gwyllt*, *Cŵn Melvich*; ceir cŵn 'trillawr', fel yn achos *Bwystfilod Bont*, yn ogystal â chŵn niferus neu 'aml-lawr', fel yn achos

Cŵn cerameg Catrin Howell

Cŵn Cylch a *Clychau Cantref Gwaelod* (lle gwelir dwylo dynol niferus yn ymestyn o'r llifogydd o dan y cŵn), ac yn y ddwy enghraifft yma ceir un ci arbennig ar y brig. Trechaf treisied. Ond nid gwannaf gwaedded, gan fod yma ddelwedd o gydweithrediad. Mae'r ci neu'r cŵn yn derbyn tynged; rhyngddynt maent yn sicrhau parhad yr hil. Nid yr unigolyn sy'n bwysig ond goroesiad y llwyth, neu ynteu'r syniad o oroesi ynddo'i hun. Nid yw'r frwydr i fyw yn cael ei hennill gan neb yn benodol ond yn hytrach gan yr awydd i fyw, gan fywyd ei hun. Ac fe welir bod gan ambell un o gŵn Catrin Howell adenydd bach. Mae gan yr unigolion breintiedig hyn fwy o ryddid, mwy o obaith goroesi, efallai, a'r gallu i hedfan ymaith o'r dyfroedd. Perthyn yr un nodwedd i rai o'i cheffylau hefyd.

Mae ei cheffylau'n mynd â ni yn ôl i'r hen geffylau gwyn y gwelir darluniau ohonynt ar lethrau bryniau, ceffylau'r ogofâu. Maent yn perthyn i'r un hen chwedloniaeth â'r cŵn: Rhiannon, ceffyl-dduwies y Mabinogi, ceffylau dŵr yr Alban. Yn anochel, mae'n amhosibl i ni edrych ar y ceffylau hyn heb feddwl am y Fari Lwyd, y creadur ffiniol hwnnw neu'r greadures honno sy'n ddelwedd orgyffyrddiol, drothwyol, un sy'n cyfuno'r ddau ryw, dydd a nos, bywyd a marwolaeth, yr hen flwyddyn a'r flwyddyn newydd, yr anwar a'r gwareiddiedig. Perthyn i geffylau Catrin Howell ryw lonyddwch a distawrwydd nad yw'n nodweddiadol o'r cŵn danheddog a chrafanglyd na'r tyrchod ysgithrog. Ysbrydion ydynt, yn hwylio i hedfan i ffwrdd.

Er gwaethaf ymddangosiad ffyrnig ei chŵn, gweithiau ceramig brau iawn yw'r rhain. Pethau hynod o hawdd eu torri yw cynffonnau hirion a choesau tenau, dannedd bach niferus a chrafangau miniog yr anifeiliaid hyn, er mor arswydus yw golwg rhai ohonynt.

Mae'n ein taro fod yna gysylltiad agos rhwng anifeiliaid Catrin Howell a dŵr. Pethau sy'n byw yn y dŵr ac sy'n dod o'r dyfroedd yw'r ceffylau hyn. Mae dŵr yn hanfodol i fywyd ac eto'n meddu ar bŵer i foddi a thraflyncu (Cantre'r Gwaelod, Tyno Helyg, Kêr-Is). A'r peth sydd yn uno holl anifeiliaid Catrin Howell yw ei lliwiau (fel y nodwyd), lliwiau hylifol. O weld y nodweddion hyn yn ei gwaith, fe'n hatgoffir unwaith yn rhagor o sylw David Jones (un arall a sugnai ei ysbrydoliaeth o chwedloniaeth), sef bod rhyw naws hylifol yn perthyn i bob gwaith celfyddydol o werth. A'r anifeiliaid hyn, y ceffyl a'r blaidd/ci a'n tywysodd ni'r hil ddynol o'n cefndir gwreiddiol barbaraidd i wareiddiad y dref ar lan y dŵr.

Llyfryddiaeth

Catrin Howell, 2001 [Catalog]
Cledwyn Fychan, *Galwad y Blaidd*, 2006

Am enghreifftiau eraill o waith Catrin Howell, gweler ei gwefan: www.catrinhowell.com

Edward Gorey

RAI BLYNYDDOEDD YN ôl fe roddwyd i mi gyfrol o waith gan Edward Gorey yn anrheg gan ffrind. Dyna fy nghyflwyniad i waith yr artist unigryw ac annosbarthadwy hwn. Bryd hynny, prin oedd y rhai a wyddai amdano yng ngwledydd Prydain. Yn y cyfamser, mae ei boblogrwydd wedi ymledu a chynyddu ac fe ellir prynu ei lyfrau yn rhwydd, yn ogystal â chalendrau, mygiau, crysau-T, posteri, sticeri, bathodynnau ac yn y blaen a'i waith arnynt. Daeth ei luniau sinistr a'i storïau bach pesimistaidd yn gyfarwydd i lawer. Ond nid yw ei boblogrwydd wedi gwneud dim i chwalu'r dirgelwch ynghylch ei waith nac ynghylch Edward Gorey ei hun.

Gan fod cefndir y rhan fwyaf o'i ddarluniau a'i storïau yn consurio rhywle yn Lloegr ddiwedd oes Victoria/ddechrau oes Edward VII, a chan fod ei ieithwedd yn cyd-fynd â hynny, fe gredid yn aml taw Sais oedd Gorey. Ond Americanwr ydoedd (ambell waith mae'r iaith yn ei fradychu: 'gotten', 'faucet', a'r odl 'wrath/bath') ac fe'i ganed yn Chicago yn 1925; ac er iddo ymweld â'r Alban unwaith ni throediodd ddaear Lloegr erioed. Yn wir, honnai Gorey na theithiasai o gwbl. Astudiodd

Ffrangeg yn Harvard, a graddio yn 1950. Prin, yn ôl ei dystiolaeth ef ei hun, oedd ei hyfforddiant mewn celfyddyd gain. Aeth i Efrog Newydd i fyw, gan weithio yno fel darlunydd. Am y rhan olaf o'i oes fe fu'n byw mewn tŷ mawr ar ei ben ei hun yn Yarmouth Port, Cape Cod, gyda heidiau o gathod. Roedd e'n *balletomane* a daeth yn adnabyddus am fynychu pob un o gynyrchiadau George Ballanchine yn Efrog Newydd rhwng 1957 ac 1982.

Gwelir llun o Gorey ei hun ar wyneb-ddalen ei lyfr bach cyntaf, *The Unstrung Harp*, a ymddangosodd yn 1953. Yno, mae'n eistedd yn ei got ffwr hir a'i ddaps gwyn a dyna sut y gwisgai bob amser, yn ôl pob tystiolaeth. Ac mae ei wedd gyfarwydd sbectolog, farfog, i'w gweld, *à la* Hitchcock, mewn sawl un o'i lyfrau ei hun. Ac mae'n naturiol ei fod e'n crwydro byd a greodd iddo ef ei hun. Ar ôl y llyfr cyntaf hwnnw, cynhyrchodd Gorey un ar ôl y llall – y lluniau, y testunau a'r llythrennu, i gyd yn ei law ei hun dan ei wasgnod ei hun, sef Fantod Press, mewn argraffiadau o ryw ddau gan copi. Mae'r argraffiadau cyntaf, gyda'u lluniau du a gwyn (fe luniodd ambell un â lliwiau yn ddiweddarach ac ambell lyfr *pop-up* hefyd), bellach yn eithriadol o brin a gwerthfawr. Ond, ar y dechrau, ni allai Gorey ddod o hyd i unrhyw gyhoeddwr a oedd yn barod i fentro ymgymryd ag argraffu ei waith dieithr. Ac fe ellir cydymdeimlo â'r cyhoeddwyr petrus hynny; a bod yn deg, pwy fyddai mor eofn â chyflwyno i'r cyhoedd destun a darluniau mor ryfedd â *The Beastly Baby*, er enghraifft? Dyma un o'i lyfrau cynharaf ac un na feiddiai neb ei gyhoeddi. Bu'n rhaid i Gorey ei hun wneud hynny yn 1962 er iddo lunio'r llyfr yn 1953. Mae'r stori'n dechrau fel hyn:

> Once upon a time there was a baby.
> It was worse than other babies.

Yn y llinellau hynny gwelaf y paradocs sy'n gynhenid yn holl waith Gorey. Yn groes i'r graen arferol a rhagdybiedig gan bawb, cymerir yn ganiataol fod pob baban yn ddrwg a bod yr hwn sydd dan sylw yn waeth na'r rhelyw. Mae pob un o'i lyfrau a phob darlun yn dibynnu ar eironi. Ymddengys y llyfr hwn fel cyfres o gartwnau ond does dim un jôc amlwg ynddo, ac o graffu'n fanylach mae'r lluniau yn ddigon sinistr. Ac eto i gyd, mae'r cyfan yn ddoniol. Baban angenfilaidd a drwg wrth natur yw hwn: 'It had never been given a name since no-one cared to talk about it. When it was absolutely necessary to do so, it was referred to as the Beastly Baby.' Ac nid yw'r creadur yn ennyn ein cydymdeimlad o gwbl gan ei fod yn rhwygo'r carpedi â chyllyll, yn llosgi tyllau yn y celfi ag asid ac yn bwrw'r trugareddau gwerthfawr i lawr oddi ar y bordydd. Mae'r diweddglo, sydd eto'n nodweddiadol o holl waith Gorey, yn dangos y baban yn cael ei gipio a'i gario ymaith gan eryr, ond mae'r baban yn rhy dew i grafangau'r aderyn ac, wrth i'r eryr geisio dal ei afael ynddo â'i big, mae'r baban yn ffrwydro yn yr awyr: 'And *that,* thank heavens! was the end of the Beastly Baby.'

Gwelir criw o bobl sy'n cael picnic yn edrych lan ar weddillion y baban yn disgyn o'r wybren, yn gwbl ddifater. Yn storïau Gorey mae pethau ofnadwy yn digwydd yn aml ond prin yw'r ymateb i'r digwyddiadau hyn. Yn stori'r *Beastly Baby*, un peth (o blith llawer) nad yw'n cael ei egluro yw pwy yw rhieni'r baban afluniaidd nad oedd ei dad na'i fam yn poeni dim amdano.

'To take my work seriously,' meddai Gorey, 'would be the height of folly.' Ond ffolineb fyddai cymryd unrhyw lenor neu artist mor ddiymhongar â Gorey ar ei air ei hun. Mae ei lyfrau bach 'doniol' yn crefu am gael eu cymryd o ddifri. Yn bersonol, gwelaf yr un difrifoldeb ynddynt ag a welir yng ngwaith rhai o artistiaid mwyaf 'difrifol' yr ugeinfed ganrif; maen nhw'n rhannu'r un naws â gwaith Kafka, Camus, Georges Perec, Beckett a Giacometti. Wrth gwrs, ceir hiwmor ynddynt (on'd oes hiwmor yng ngwaith Kafka a Beckett?) a phrif gymhelliad popeth a wnaeth Gorey oedd rhyw chwarëusrwydd. A beth yw hiwmor ond ffordd o ddelio â phoen a thrasiedi? Ffordd o ddyrchafu dioddefaint? Pan ofynnwyd i Gorey pam roedd ei storïau mor *morbid*, fe atebodd 'I see no disparity between my books and everyday life... I write about everyday life.' Dywedwn i fod gwaith Gorey yn nes at fywyd beunyddiol na phethau honedig realaidd fel yr operâu sebon mwyaf poblogaidd (dilynai Gorey lawer o'r rheini yn ffyddlon ar y teledu) a bron pob comedi ramantus.

Os oes modd gweld fformiwla ar waith yn ei greadigaethau, yna, fe ellir dangos bod ei storïau, yn amlach na pheidio, yn dychanu'r moeswersi Victoriaidd mwyaf sentimental a hunangyfiawn o ddeidactig gan eu tanseilio â deunydd pesimistaidd a thyngedfennol. Yr enghraifft amlycaf o hyn yw *The Hapless Child*. Mae'r gair 'hapless' yn y teitl a'r llun o Charlotte Sophia yn dwyn i gof gymeriad Little Nell, Dickens ('One must have a heart of stone to read the death of Little Nell without laughing,' meddai Oscar Wilde mewn llinell sy'n rhagfynegi holl waith Gorey) – a baledi Victoriaidd torcalonnus, fel 'Casabianca' sy'n dechrau a'r llinell 'The boy stood on the burning deck', a storïau *Cymru'r Plant*. Mae *décor* ei byd yn y ffrâm gyntaf, yr ail a'r drydedd yn consurio amgylchedd diogel a chyfforddus a braidd yn glawstroffobig y cartref Victoriaidd dosbarth canol: llenni trymion, papur wal a charpedi addurnedig, llestri te a theisennau bach, planhigion asbidistra. Fel petai i atgyfnerthu'r amgylchedd hwn mae gan ddol Charlotte Sophia, sef Hortense, ei chwpwrdd dillad a'i chelfi'i hun. Ond hyd yn oed yma, cyn i ddim byd fynd o'i le, mae rhywbeth bygythiol yn yr awyr. Mae'r llenni yn llethol a phatrwm y papur ar y wal yn beryglus, y carpedi'n barod i lyncu'r ferch fach ddiniwed. Craffwch yn agosach ar y ffrâm gyntaf hon ac fe welwch gynffon fforchog rhyw greadur cennog, seimllyd yn hongian o bot ar ben y silff lyfrau, er bod popeth yn ei le ac yn ymddangosiadol saff. Yna, fe welir pen creadur â chyrn bach a llygaid gweigion ar ochr chwith isaf yr ail ffrâm. Gwelir crafangau duon yn gafael am y wardrob addurnedig ar y dde yn y drydedd ffrâm, lle mae Charlotte Sophia yn chwarae'n ddiddig â'i dol. Ym mhob ffrâm am weddill y stori, ceir y creaduriaid bach dieflig hyn yn llercian yn y corneli. Ac mae'r manylion dychrynllyd hyn fel petaent yn tanlinellu stori anobeithiol y plentyn. Gyrrir ei thad i Affrica; rai misoedd yn ddiweddarach clywir iddo gael ei ladd gan frodorion mewn gwrthryfel; mae'r fam yn nychu yn null nodweddiadol menywod yr oes honno, mewn ystafell lle mae'r papur wal yn cau amdani mewn modd arswydus a lle mae'r flanced ar ei gwely yn ddigon gorthrymus i ladd neb (o dan y gwely gwelir y creadur ellyllaidd anorfod). O hyn ymlaen, mae pethau'n mynd o ddrwg i waeth yn gyflym. Fe anfonir Charlotte Sophia i ysgol ofnadwy lle mae'r athrawon yn ddidrugaredd a'r merched yn rhwygo Hortense yn ddarnau. Wedyn, mae Charlotte Sophia yn dianc o'r ysgol, ond yn cael ei chodi oddi ar y stryd gan ddyn peryglus yr olwg: 'He brought her to a low place'. Mae hwnnw'n ei gwerthu 'to a drunken brute'. Mae'r bwystfil yn ei gorfodi i weithio ar lunio blodau artiffisial nes iddi golli ei golwg. Yn y cyfamser, mae ei thad, na chawsai ei ladd wedi'r cyfan, yn dod yn ôl o Affrica ac yn chwilio am ei ferch. Llwydda Charlotte Sophia i dianc i'r stryd, ond caiff ei bwrw i lawr yn syth gan gar. Pwy oedd yn gyrru'r car ond ei thad. Er hynny, wrth iddo godi'r plentyn i'w freichiau, nid yw'n adnabod ei ferch ei hun gan ei bod wedi newid cymaint. Ac fel'na mae hi'n marw, yn ddieithryn i'w thad, a daw'r stori i ben. Yn gwbl groes i storïau Victoriaidd, er bod llawer o'r rheini yr un mor ddirdynnol o ddagreuol drist, ni cheir unrhyw foeswers na chasgliad ar y diwedd.

Stori sydd bron â bod yn ochr arall y geiniog i *The Hapless Child* yw *The Pious Infant*. Ar un ystyr, dyma un o storïau mwyaf camarweiniol ac eironig Gorey. Mae Little Henry Clump yn cyfateb yn berffaith i'r ddelwedd o'r plentyn Victoriaidd Cristnogol rhinweddol ac i Little Lord Fauntleroy o ran ei olwg. Dibynna'r parodi ar ddaioni annaturiol Henry, sydd mor anhygoel nes ei fod yn codi pwys ar y darllenydd. Mae'r sawl sy'n gyfarwydd â gwaith Gorey yn disgwyl i rywbeth ofnadwy ddod i ran y crwtyn bach sanctaidd ym mhob cam o'r stori ond mae popeth yn mynd o'i blaid nes iddo fynd â'i bwdin drwy'r eira i'w roi i ryw weddw dlawd. Yna mae'n dal annwyd ac yn marw. Ei eiriau olaf yw: 'God loves me and has pardoned all my sins. I am happy!' a cheir diweddglo annisgwyl: 'Henry Clump's little body turned to dust in the grave, but his soul went up to God.' Dyma un o storïau mwyaf anfoddhaol Gorey, gan ei bod yn glynu'n rhy agos at y patrwm sy'n cael ei ddychanu, er mor gyfoglyd yw agwedd hunangyfiawn Henry.

The Gashlycrumb Tinies yw un o'm hoff weithiau gan Gorey. Mae dyled Gorey i Hillaire Belloc ('Matilda told such dreadful lies,/ It made one gasp and stretch one's eyes;/ Her aunt, who from her earliest youth,/ Had kept a strict regard for truth,/ Attempted to believe Matilda:/ The effort very nearly killed her.') a'r anghofiedig Harry Graham ('Billy, in one of his nice new sashes,/ Fell in the fire and was burnt to ashes;/ Now, although the room grows chilly,/ I haven't the heart to poke poor Billy.') yn amlwg, ond dyma'r artist ar ei orau. Ar yr wyneb-ddalen gwelir y plant bychain i gyd gyda'i gilydd yn sefyll dan ymbarél sy'n cael ei ddal gan Angau ei hun mewn dillad trefnwr angladdau. Â'r stori drwy'r abiéc gan gyflwyno pob plentyn yn ei dro. O un i un, maen nhw'n cwrdd â rhyw drychineb marwol o fewn llinell fer sydd ar y naill law yn ofnadwy ac, ar y llall, yn chwerthinllyd.

Rhaid edmygu dyfeisgarwch dychymyg Gorey wrth iddo feddwl am y fath amrywiaeth o ddulliau o lunio anfadwaith ar gyfer diwedd pob plentyn a gwneud lluniau sy'n awgrymu'r anffawd cyn iddi ddigwydd. Dangosir Hector ('done in by a thug') yn sefyll yn ddiniwed heb amcan yn y byd fod dwylo y tu ôl iddo'n hogi i'w dagu. Saif Prue ('trampled flat in a brawl') gan ymestyn am ddrws y dafarn a gwelir Titus ('who flew into bits') yn agor ei barsel yn eiddgar. Wedi dweud hynny, y mae ambell lun yn dangos y cyfan, fel petai; er enghraifft, gorwedd Kate ('who was struck with an axe') yn ei gwaed ei hun a'r fwyell yn ei brest, a gwelir Rhoda ('consumed by a fire') yn wenfflam (yn enghraifft o ymlosgiad digymell – *spontaneous combustion* – fe ymddengys). Yna, mae achos rhai o'r marwolaethau'n fwy o ddirgelwch; bu farw Neville o 'ennui', ac er bod Leo ('who swallowed some tacks') i'w weld yn ddigon sâl ac yn dal ei fol, ai'r taciau a'i lladdodd, ynteu'r darlun tywyll, dieflig y tu ôl iddo?

Fe ofynnwyd i Gorey un tro gan rywun cwbl ddihiwmor a heb owns o eironi pam roedd yn gas ganddo blant. Ei ateb syml oedd, 'I don't know any children.'

Os oes yna beth mor *banal* â 'neges' yn y storïau hyn, efallai eu bod nhw'n dangos pa mor beryglus yw ein bywydau, a bod bygythiadau anrhagweladwy ar bob tu inni bob amser. Does dim o'r fath beth â diogelwch; dechreua bywyd Charlotte Sophia gyda phob mantais a chysur, ond caiff ei tharo gan un ergyd anlwcus ar ôl y llall.

Yn *The Doubtful Guest* (1957) ymddangosodd un o greadigaethau mwyaf gwreiddiol Gorey am y tro cyntaf. Yn ddiweddarach, rhoddwyd yr enw Figbash i'r creadur rhyfedd hwn sy'n gwisgo sgarff hir a dapiau tebyg i rai Gorey ei hun. Mae'r sgidiau hyn yn anacronistaidd, gan fod y cefndir, y *décor* a'r dillad i gyd yn nodweddiadol o fyd Edwardaidd Gorey. Yn y stori hon, daw'r creadur i sefyll gyda theulu digon bonheddig yr olwg sy'n byw mewn tŷ mawr, crand. Yn y lluniau, gwelir dyn mawr barfog mewn gŵn tŷ a choler melfed ysblennydd (y tad?), dwy fenyw hynod o debyg i'w gilydd (y fam a'r fam-gu?), dyn oedrannus â mwstás (y tad-cu?) a chrwtyn sy'n gwisgo siwt morwr ffasiynol i fechgyn ar ddechrau'r ugeinfed ganrif. Er bod y gwestai diwahoddiad, hynny yw, y creadur od, yn amlwg yn peri pryder i'r teulu niwclear hwn oherwydd ei ymddygiad rhyfedd ('All at once it leapt down and ran into the hall,/ Where it chose to remain with its nose to the wall') a'i bresenoldeb anghyfleus, y gwir amdani yw taw'r teulu yw'r elfen sinistr yn y darluniau. Mae'r tad barfog a'i aeliau duon, bygythiol yn dŵr o ddyn dieflig yr olwg. Mae gan y fam a'r plentyn gylchoedd tywyll o gwmpas eu llygaid. Ar ben hynny, lle anghynnes ac anghartrefol yw'r tŷ lle

maen nhw'n byw. Fe'u gwelir yn dringo'r grisiau
i'r tywyllwch pygddu. Ar ddechrau'r stori, cyn
i'r creadur od gael mynediad i'w cartref oeraidd,
fe'u dangosir yn sefyll mewn cylch o ddiflastod,
fel petai. Felly, er mor anghwrtais ac anhydrin
yw'r gwestai di–alw–amdano mae'n dod â thipyn
o gyffro i'w bodolaeth. Daw'r stori i ben gyda'r
datganiad: 'It came seventeen years ago – and to
this day/ It has shown no intention of going away.'
Ac yn y ffrâm olaf, gwelir y teulu wedi heneiddio
a'r crwtyn wedi tyfu'n ddyn mwstasiog. Mae'n
haws inni uniaethu â'r creadur od, yn hytrach na'r
teulu. Nid yw'r ymwelydd yn 'ffitio i mewn'; hyd
yn oed ar ôl dwy flynedd ar bymtheg nid yw'n
perthyn iddyn nhw, nid yw'n gallu cydymffurfio
â'u ffordd ystrydebol o fyw, nid yw'n perthyn i'r
un amser â nhw (awgryma ei sgidiau ei fod o flaen
eu hamser nhw). Ac eto, fe ymddengys nad oes
ganddo le arall i fynd a rhaid i'r teulu ei dderbyn.
Yn ei ffordd ddifyr ac anuniongyrchol llwydda
Edward Gorey i gyfleu dieithrwch y cyflwr dynol
cystal ag y gwna Edvard Munch yn *Y Sgrech*.

Gwelir yr un teulu yn *Leaves from a Mislaid
Album*. Stori heb eiriau, ac yn wir, heb naratif
yw hon. Lluniau o unigolion a geir, a'r rheini
yn un teulu, digon arswydus, nid annhebyg i
greadigaethau Charles Addams, a phob un yn ei
ffrâm yn awgrymu rhywbeth ysgeler, cyfrinachau
gwarthus a gwallgofrwydd. Yna, yn y ffrâm olaf

ond un, dyna Figbash eto yn ei sgarff a'i ddaps yn eistedd wrth ford fechan yn yfed rhyw wirod. Efe yw'r unig elfen yn y stori hynod o dywyll ac annifyr hon sy'n codi'r ysbryd ychydig,

Dwy wedd ar yr elfen chwareus ym mhersonoliaeth Gorey sy'n cael eu hadlewyrchu yn ei waith yw ei hoffter o lunio teitlau awgrymog, amwys ar gyfer ei lyfrau a'r hwyl mae'n ei chael wrth amrywio'i enw ei hun. Meddylier am y teitlau hyn: *The Hapless Child, The Sinking Spell, The Listing Attic, The Lavender Leotard, The Disrespectful Summons, The Loathesome Couple,* a'm ffefrynnau personol: *The Fatal Lozenge* a *The Dwindling Party*. Mae pob un ohonynt, bron, yn consurio rhyw faled o oes Victoria neu ryw nofel ddirgelwch henffasiwn. Yn aml iawn, ni cheir unrhyw adlewyrchiad o'r teitlau hyn yn y stori sy'n dilyn; er enghraifft, yn *The Listing Attic* does dim atig o gwbl ac yn *The Fatal Lozenge* does neb yn bwyta losin marwol, hyd y gwelaf i. Yna, dyna'r ffugenwau a oedd, fel rheol (ond nid bob tro chwaith), yn anagramau o'i enw ei hun: Ogdred Weary; Dogear Wryde: Mrs Regera Dowdy; Garrod Weedy; D Awdrey-Gore. Fe ellir cymhwyso'r hyn a ddywed Hugh Haughton yn *The Chatto Book of Nonsense Poetry* (nad yw'n cynnwys enghraifft o waith Gorey, gyda llaw) am farddoniaeth nonsens (Lear, Carroll, Ogden Nash, ac yn y blaen) i waith Gorey: 'Over and over again, in its comic guise it deals with the serious things of our lives – desire and death, identity and authority, language and meaning, fun and games. Yet it is inherently a protest against the tyranny of orthodox seriousness, and serious orthodoxy.'

Llyfryddiaeth

Edward Gorey, *Amphigorey*, 1972
Edward Gorey, *Amphigorey Too*, 1975
Edward Gorey, *Amphigorey Also*, 1983

Alexander Theroux, *The Strange Case of Edward Gorey*, 2000

Am enghreifftiau o waith Edward Gorey, gweler y wefan: www.edwardgoreyhouse.org

Arysgrifau Peintiedig David Jones

AR DDECHRAU EI erthygl odidog ar Robert Williams Parry, 'Bardd Trasiedi Bywyd', dywed Saunders Lewis:

> Mi fûm i'n cyfoesi â beirdd da, ond gyda dau fardd yn unig y cefais i erioed gyfeillgarwch a chyfrinach. Cymro a anwyd ac y sy'n byw yn Llundain, peintiwr mawr a bardd Saesneg mawr yw un... ac un o ofidiau ei fywyd yw mai yn Saesneg y mae'n rhaid iddo gyfansoddi. Robert Williams Parry yw'r llall.

Er nad yw'n ei enwi (ac nad yw'n datgelu beth oedd y gyfrinach a gawsai ganddo na chan R W Parry), David Jones yw'r artist a'r bardd y mae'n cyfeirio ato yma.

Fel llenor, creodd David Jones yn ei weithiau pwysicaf – *In Parenthesis*, *The Anathémata*, *Epoch and Artist* a *The Sleeping Lord* – destunau mor ddwys a chymhleth ac arwyddocaol â gwaith James Joyce a T S Eliot. Fel arlunydd hefyd mae ei waith yn gyfoethog ac yn gyforiog o ystyr, i raddau mwy na gwaith y rhan fwyaf o artistiaid fel rheol. Cyn symud ymlaen at ei lythrennau peintiedig, pwnc rwy'n ddigon hy i feddwl fy mod i'n fwy cymwys i'w drafod yn fanylach, carwn ymhelaethu ychydig ar y gosodiad braidd yn gyffredinol hwn gan gymryd un o'i luniau fel enghraifft o natur amlhaenog ei greadigaethau.

Cymerwn y llun â'r teitl *Y Cyfarchiad i Fair* (defnyddiai David Jones deitlau Cymraeg ar ei luniau yn aml), a beintiwyd yn 1963. Yn y llun melynaidd hwn (pensil, creon a dyfrlliw) plethodd David Jones dair thema: y newid o ran amser a diwylliant rhwng y cyfnod Rhufeinig a'r cyfnod Cristnogol sydd yn cael ei ddramateiddio yn y llun; y Cyfarchiad i Fair sydd yn dynodi'r Ymgnawdoliad; a'r ailgread o'r Brynedigaeth hon fel y'i gwelid gan David Jones mewn chwedloniaeth Geltaidd (a Chymreig yn bennaf). Felly, fe ddarlunnir Gabriel fel gefell i'r duw Rhufeinig Mercher, cennad y duwiau ag adar yn hedfan wrth ei sodlau. Newidiodd David Jones ffon sarffog Gabriel am gleddyf a gwelir darn o'r goron ddrain yn glynu wrth y llafn gan ddarogan y Croeshoelio. Yn yr awyr dangosir cytser y forwyn (*virgo*) wrth ochr y glorian (*libra*), sydd yn ymdebygu i siâp croes. Delweddir dinistr yr hen dduwiau gan y colofnau sy'n cael eu dymchwel. Ymguddia'r blaidd Rhufeinig ym mhlygiadau dillad y Forwyn. Gan fod y Forwyn hon yn dal afal yn ei llaw, mae hi'n cynrychioli Efa newydd. Mae David Jones hefyd yn cymharu Mair yn y llun hwn ag Olwen drwy ddodi blodau bach – meillion gwynion – yn ôl ei thraed ac, ar ben hynny, ceir yr Anifeiliaid Hynaf yma hefyd: Mwyalchen Cilgwri, Carw Rhedynfre, Tylluan Cwm Cawlwyd ac Eryr Gwernabwy (hyd y gwelaf i hepgorwyd Llyffant Cors Fochno). Fe ellir astudio'r rhan fwyaf o luniau David Jones fel hyn a chanfod ynddynt lawn cymaint o elfennau amlochrog. Wedi dweud hynny, ceir ambell lun sydd yn ddigon syml ac uniongyrchol, megis *Cath Gartref*, 1930 – roedd David Jones yn hoff o gathod.

Yn 1921 cyfarfu David Jones ag Eric Gill, ac ymunodd ag ef yn ei gymuned artistig-grefyddol yn Ditchling, Swydd Sussex, yn 1922. Yna symudodd Gill a'i deulu a'i ddisgyblion i Gapel-y-ffin yn ardal y Mynydd Du. Yn ystod y cyfnod ffrwythlon a chreadigol hwn yn y 1920au fe ddyfnhaodd dealltwriaeth David Jones o'i Gymreictod, er ei fod yn ddigon ymwybodol o'i gysylltiad â Chymru er ei ddyddiau cynnar (ei ddymuniad yn blentyn oedd bod yn arlunydd hanes Cymru). Fe dybir yn gyffredinol taw drwy ei gyfeillgarwch ag Eric Gill yr ysbrydolwyd David Jones i droi at lythrennu fel cyfrwng celfyddydol. Mae'n wir fod defnydd cynharaf David Jones o lythrennau fel rhan o'i waith yn dyddio o'i amser yng Nghapel-y-ffin, a diau y gwelsai Gill yn torri neu'n naddu llythrennau fel rhan o'i waith yntau, ond mae arddull a dull y ddau o ffurfio llythrennau'n gwbl wahanol i'w gilydd. Dysgasai Eric Gill sut i lythrennu yn y lle cyntaf gan Edward Johnston (1872–1944). Roedd Johnston yn gyfrifol am adfywio'r grefft o lythrennu'n gain, gan ddefnyddio ysgrifbin ag ymyl lydan, ar ddechrau'r ugeinfed ganrif. Fe'i penodwyd yn ddiwtor llythrennu yn y Coleg Celf Brenhinol. Johnston hefyd oedd yn gyfrifol am ddyfeisio'r llythrennau (mae'n gas gen i ddefnyddio'r term anghywir *font*, llygriad sydd wedi cael ei orfodi arnom ni i gyd, diolch i fyd y cyfrifiadur ac anwybodaeth gyffredinol) *sans serif* a welir ar fapiau ac arwyddion rheilffordd danddaearol Llundain hyd heddiw. Cyfrifir *sans serif* Johnston gyda'r wynebdeipiau mwyaf darllenadwy a ddyfeisiwyd erioed. Efelychodd Gill yr wyneb-deip hwn a llunio *sans serif* Gill, sydd yn enwocach o lawer na *sans serif* Johnston am y rheswm syml nad yw ei ddefnydd yn gyfyngedig i danddaear Llundain yn unig. Ond ceinlythrennydd oedd Johnston a lluniwr teip, teipograffydd a cherfiwr llythrennau oedd Gill. Nid cerfiwr llythrennau mo David Jones. Ac nid yw'r hyn a ddywed y *Cydymaith i Lenyddiaeth Cymru*, sef bod David Jones yn feistr ar sawl celfyddyd, gan gynnwys 'llawysgrifen gain', yn fanwl gywir chwaith. Nid eu hysgrifennu, eithr yn ei ffordd unigryw ei hun arferai David

Jones beintio'i lythrennau. Mewn llythyron at ei ffrindiau fe ddisgrifiodd David Jones ei dechneg arbennig, ac fe ellir ei chrynhoi fel hyn: i ddechrau, fe fyddai'n peintio'r cefndir â haenen drwchus o baent gwyn (*Chinese white*), wedyn fe fyddai'n marcio lle y byddai'n gosod y llythrennau â phensil ysgafn, yna fe fyddai'n peintio'r llythrennau â brws − y math o frws a ddefnyddiai ar gyfer ei luniau − gan ffurfio'r llythrennau'n ofalus yn ei ddewis liwiau a'u cywiro, fel bo'r angen, â mwy o wyn. Yna, i orffen, byddai'n caboli neu'n bwrneisio'r cyfan. Gwnâi hynny, meddai, nid er mwyn cael sglein ar wyneb y gwaith, eithr i gyfuno'r marciau â'r cefndir.

Mae'r dull hwn o lunio llythrennau yn gwbl unigolyddol ac idiosyncratig, ac nid yw'n cydymffurfio ag unrhyw dechneg draddodiadol gydnabyddedig. Er iddo weld Eric Gill yn torri llythrennau yn Ditchling a Chapel-y-ffin, nid astudiodd David Jones lythrennu na'i hanes yn systematig, ond daeth o hyd i'w ddull ei hun drwy arbrofi dros amser maith. Er bod arysgrifau David Jones wedi cael dylanwad mawr ar lythrennu wrth i eraill efelychu ei arddull, anaml y gwelir neb yn defnyddio'r union dechneg lafurus ac 'arlunyddol' hon. Ar ben hynny, roedd agwedd David Jones tuag at ffurfiau ei lythrennau yn hollol eclectig ffurfiau Rhufeinig a ddefnyddiai yn bennaf, yn gymysg â ffurfiau wnsial, italig, gothig ac Eingl-Sacsonaidd, yn ôl ei ddymuniad a'i fympwy ei hun.

Tua'r flwyddyn 1948, fe luniodd David Jones arysgrif gan ddefnyddio dihareb yn Gymraeg a Lladin: OPTIMA/GOREU/MVSA/AVVEN/VERITAS/GVVIRIONEÐ. Dyma un o'r gweithiau aeddfed cynharaf ganddo lle mae'r llythrennau'n cyrraedd yr un lefel gelfyddydol soffistigedig â'i beintiadau a'i farddoniaeth. Cyn hynny, braidd yn ymylol fu ei ddefnydd o lythrennau; rhan o'i waith arall oedden nhw, fel y geiriau sy'n amgylchynu llun o'r Croeshoelio yng Nghapel-y-ffin a wnaethai yn y 1920au, neu ynteu yn gardiau cymharol ddiymhongar i'w hanfon at ffrindiau adeg y Nadolig a gwyliau eraill. O hyn ymlaen, mae'r arysgrifau'n gyflawn weithiau yn eu rhinwedd eu hunain. Mae'r arysgrif hon yn un ddigon plaen, gyda llythrennau cymharol ffurfiol a Rhufeinig ar y cyfan. Mae'r cefndir yn dywyll ac nid yn wyn, yn felyn ac yn wyrdd, a marciau crafu yn rhoi naws debyg i hen lythrennau wedi'u torri ar garreg.

Ar ôl yr arysgrif hon datblygodd llythreniadau David Jones ar wib, wrth iddo fagu mwy o ryddid yn sgil ei hyder newydd yn ffurfio llythrennau ac yn ei ddefnydd creadigol o liwiau. Fe ddewisai ddarnau o destunau clasurol a hynafol, gan amlaf, gan gyfuno tameidiau o sawl ffynhonnell ynghyd ag ambell linell o'i eiriau ei hun, weithiau, er mwyn

cara·Wallia·derelicta
ÐVGWYL·DAMASEVS
BAB·YR·VNVED·DYÐ·AR
ÐEG·OVIS·RAGFYR
DVW·GWENER+
AC·YNA·I·BWRIWYD
HOIL·GYMRY
Y'R·ILAWR. VENIT·SVMMA·DIES
ET·INELVCTABILE·TEMPVS
DARDANIÆ. PENN·DRAGON
PENN·DREIC·OED·ARNAW
PENN·ILYWELYN·DEG
DYGYN·A·VRAW·BYT·BOT
PAWL·HAEARN·TRWYDAW.
ab·hieme·añ·1282

NYT·OES·NA·XYNGOR·NA·XLO·NAC·EGOR.

Caria Wallia Derelicta gan David Jones
Trwy ganiatâd Llyfrgell Genedlaethol Cymru ac ystad David Jones

creu 'testun' newydd, cyforiog o gyfeiriadaeth. Yn hyn o beth mae ei arysgrifau yr un mor drymlwythog o 'ystyr' â'i gerddi a'i luniau.

Yn y 1950au, fe'i comisiynwyd gan leianod Llanandras i wneud arysgrif i'w rhoi yng nghapel eu cwfaint. Ond nid oedd yr hyn a gynhyrchodd David Jones yn eu plesio, am ryw reswm, ac fe'i gwrthodwyd ganddynt. Yn ei lle, fe beintiodd yr artist fonogram *Chi Rho* ac roedd hynny yn dderbyniol. Cadwodd David Jones y gwaith gwrthodedig yn ei gartref ei hun. Dyma, o bosib, un o greadigaethau pwysicaf ein diwylliant mewn unrhyw gyfrwng. Cyfunodd David Jones ddau destun: dyfyniad o waith Gruffudd Gryg a darn o'r offeren Ladin, y naill iaith am yn ail â'r llall fesul llinell. Ceir pedair llinell heb fwlch rhyngddynt, yna bwlch gwyn sylweddol a phedair llinell arall. Mae'r llythrennau yn ddu ac yn wyrdd tywyll, a cheir diemwntiau a chroesau coch rhwng pob gair: 'PWY YW'R GWR PIAU'R GORON' yw ei arysgrif fwyaf o ran ei maint (a'i arysgrif bwysicaf, yn nhyb David Jones ei hun).

Yn 1958, cymerodd David Jones ddyfyniad o'i waith ei hun, *The Anathémata*, sef 'what says his mabinogi' a llunio arysgrif gyda chyfarchiad Nadolig ar y diwedd. Anfonodd ffotograffau ohono at ei gyfeillion y Nadolig hwnnw. Mae'r testun yn gymysgedd o ieithoedd, sy'n nodweddiadol o'r bardd, ac yn cynnwys nifer o eiriau Cymraeg: Annwn, gwledig nefoedd, ac yn y blaen. Ac am y tro cyntaf, hyd y gwelaf i, fe ddefnyddiodd y coloffon, mewn pensil ysgafn ac ysgrifen fach ddi-ddenu-sylw 'Dafydd J. a'm gwnaeth' (cyn hynny, fe lofnododd un o'i weithiau a adweinir fel *Ex Devina Pulchritudine* â'r coloffon 'Dafydd J. a'i wnaeth' [*sic*]). Roedd e'n arfer rhoi 'David me fecit' ar rai o'i lythreniadau cynnar a dyma ymgais i Gymreigio hynny. Ychwanegodd 'Dydd digofaint' at ei goloffon ar waelod 'Quærens me' ac ar waelod ei arysgrif olaf (cyfarchiad i Kathleen Raine) rhoes – 'Dafydd J. a'm gwnaeth i. I Cathlŷn awenyddgar'. Ar waelod un o'i arysgrifau mwyaf lliwgar a chyffrous, ei gyfarchiad i'r offeiriad Peter Levi ar achlysur ei ordeinio, ysgrifennodd 'Dafydd a'm gwnaeth i i Pedr Offeiriad: gwelodd, gwnaeth, gwna' er nad oes dim Cymraeg yn yr arysgrif ei hun.

Gwelir yn *Ex Devina Pulchritudine* lawer mwy o ryddid o ran ffurfiau'r llythrennau a'r 'cysodi' (a defnyddio term o fyd argraffu) gyda geiriau yn mynd o amgylch y prif destun gan fframio hwnnw, a llinell wyneb i waered ar y gwaelod. Mae cynffonnau'r 'R' yn gyrliog a phob 'G' hefyd; dolen yw llinell draws yr 'A' yn yr enw Mair sydd wedi cael ei addurno â sêr. Mae'r darn hwn yn rhagflaenu un o weithiau godidocaf David Jones a'i lythreniad mwyaf adnabyddus, mae'n debyg, yn sgil y poster ohono a werthodd yn dda rai blynyddoedd yn ôl, sef *Cara Wallia Derelicta*. Ynddo cyfunir dyfyniadau o Farwnad Llywelyn ap Gruffudd, *Brenhinedd y Saeson* a Lladin yr Aeneid. Cyfieithodd David Jones y teitl i'w Saesneg unigryw ei hun fel 'Poor Wales all buggered up'. Yma mae'r lliwiau gwyrdd tywyll (gwymon) a gwyrdd golau (olewydd) yn cyfleu naws drist y testun. Yma eto ceir llythrennau yn fframio'r prif destun ac yn ogystal â'r ffurfiau cyrliog anghyffredin (R, G, P) ceir cymysgedd o brif lythrennau a llythrennau bach, a chywasgir ambell linell tra estynnir eraill, er enghraifft, 'Holl Gymry' er mwyn rhoi pwyslais iddynt. Mae'r cyfuniad o ansawdd y papur a'r paent a 'brethyn' y llythreniad yn mynd â gwynt rhywun.

Ni ellir gwneud math o gyfiawnder â holl arysgrifau David Jones, hyd yn oed yn oed pe canolbwyntid ar y rhai sy'n cynnwys elfennau Cymreig yn unig, felly, gan i mi ddechrau drwy ddyfynnu Saunders Lewis hoffwn ddirwyn i ben drwy gyfeirio at lythreniad arbennig a wnaeth David Jones iddo ef yn benodol. Mae'n arysgrif ddigon syml ac yn llai o ran maint na'i ddarnau eraill. Defnyddiodd nifer o liwiau i greu'r gwaith hwn yn Gymraeg a Lladin er cof am Lywelyn ein Llyw Olaf. Cyplysir yma wladgarwch a ffydd y rhoddwr a'r derbynnydd fel ei gilydd 'I Saunders oddi wrth Dafydd...'

Poenai David Jones na allai gyfansoddi yn

Gymraeg, ond a yw'r iaith yn ddigon ynddi ei hun i gynysgaeddu darn o waith celfyddydol ag arwyddocâd fel ei fod yn berthnasol i'n diwylliant ni? Cymerer, er enghraifft, sawl nofel a gyhoeddwyd yn ddiweddar sydd, er eu bod yn Gymraeg o ran iaith, yn gwbl amddifad o unrhyw berthynas na chysylltiad â'n llên a'n traddodiad. Yn wir, nofelau Saesneg ydyn nhw dan haenen denau o Gymraeg. Ar y llaw arall, mae arysgrifau David Jones yn hollol Gymreig a Chymraeg ac yn gyfraniadau amhrisiadwy i'n treftadaeth arbennig ni.

Llyfryddiaeth

David Jones, *Epoch and Artist*, 1959
David Jones, *The Dying Gaul and other Writings*, 1978

David Jones, Tate Gallery, 1981
Nicolete Gray, *The Painted Inscriptions of David Jones*, 1981

Cyfraniad Cathod Siämaidd i Ddiwylliant y Gorllewin

MAE GAN GATHOD Siämaidd enw drwg. Sonnir amdanynt fel cathod sy'n cyfateb o ran eu ffyrnigrwydd i gŵn Rottweiler a chlywir storïau amdanynt yn ymosod ar sawl Dobermann a Pit Bull, ac yn cario'r dydd hefyd. Storïau apocryffaidd yw'r rhain ac mae'r enw drwg a gaiff y cathod yn gwneud cam â hwy. Rwy'n rhoi'r bai am y gamargraff hon yn bennaf ar ben Walt Disney ac yn benodol ar ei ddramateiddiad anffafriol o gathod Siämaidd yn *Lady and the Tramp* a *That Darn Cat!* Fe gofir, efallai, am y ddwy gath anwahanadwy, tebyg i efeilliaid Siämaidd, yn *Lady and the Tramp*:

> We are Siamese if you please,
> We are Siamese if you **don't** please.

Ond mewn bywyd go iawn, creaduriaid digon addfwyn a dymunol ydyn nhw, ac mae cathod Siämaidd gyda'r anifeiliaid mwyaf gosgeiddig. Yn wir, dywedodd yr artist Hergé, creawdwr Tintin, fod ei gath Siämaidd 'mor hardd â llestr Ming'. Yr unig broblem, efallai, yw eu bod yn gwybod eu bod yn hardd a'u bod yn well na phawb arall yn y byd, gan gynnwys nyni, fodau dynol.

Yn Llyfrgell Genedlaethol Gwald Thai yn Bangkok ceir hen lawysgrifau o ddinas Ayudhya, prifddinas Siám hyd 1767. Ymhlith y llawysgrifau hyn ceir y *Smud Khoi*, cyfrol o gerddi am gathod ynghyd â darluniau sydd yn cynnwys rhai â holl nodweddion lliw a llun y cathod yr ydym ni'n eu hadnabod heddiw fel cathod Siämaidd. Hynny yw, lliw hufen yw'r corff ac mae'r wyneb, y clustiau, y coesau a'r pawennau a'r gynffon yn dywyllach a'r llygaid yn las; er bod y *Smud Khoi* yn sôn am lygaid coch, gall llygaid gleision y cathod hyn ymddangos yn goch o ambell ongl. Yna yn *Travels Through the Southern Provinces of the Russian Empire in 1793–4* gan P S Pallas, a gyhoeddwyd yn Llundain yn 1802, gwelir lluniau o gathod Siämaidd. Yn ôl erthygl a gyhoeddwyd yn 1951 gan yr Athro F E Zenner, tarddai'r gath Siämaidd o Falaysia Orynysol yn wreiddiol. Felly, gwreiddiau a hanes ansicr sydd i'r cathod hyn cyn iddynt gyrraedd y Gorllewin. Er bod storïau niferus i'w cael am eu cysylltiad breintiedig â theulu brenhinol Siám, mae'n debyg taw creadigaethau diweddar yw'r rhain.

Yn sioe gathod Crystal Palace yn 1872 cofrestrwyd cath gyda'r enw annisgwyl 'Poodles' gan y Fonesig Neville. Cyfeiriodd Harrison Weir at gathod y fenyw hon yn ei lyfr *Our Cats and All About Them*, a gyhoeddwyd yn 1889: 'Lady Dorothy Neville informed me that those which belonged to her were imported from Siam and presented by Sir R. Herbert of the Colonial Office, the late Duke of Wellington imported the breed, also Mr Scott of Rotherfield. Lady Dorothy Neville thought them exceedingly docile and domestic.'

Ar wahân i'w harddwch corfforol mae gan y cathod hyn bersonoliaeth arbennig. Yn wir, mae bron pob disgrifiad ohonynt yn dweud eu bod yn debyg i gwn. Mae'n hawdd hyfforddi cath Siämaidd i gerdded ar dennyn, fel ci, ac maent yn ddeallus, yn ffyddlon ac yn hoff o gwmni pobl. Er hynny, mae swn amhersain eu lleisiau yn ddiarhebol a bron yn annisgrifiadwy – ond, yn nes ymlaen, fe gawn ni ddisgrifiad ardderchog o'u swn mewn dyfyniad – ac maent yn 'siaradus' hefyd. Rwy wedi recordio fy nghath Siämaidd, Coco, yn 'pregethu' am bedair munud heb doriad.

Yn wreiddiol, dim ond un lliw a dderbynnid mewn sioeau, hynny yw, â'r marciau ar yr wyneb a'r pawennau, ac yn y blaen, fel y nodwyd yn barod, yn ddu neu fel y'i gelwir yn Saesneg yn 'seal point'. Dyma'r lliw traddodiadol, sylfaenol fel petai. Yn ddiweddarach, derbyniwyd lliwiau eraill: pwyntiau glas (tebyg i lechen las), pwyntiau siocled a phwyntiau lelog (llwyd golau). Yn ddiweddarach eto, croesawyd amrywiadau lliw niferus, gan gynnwys pwyntiau brych streipiau ar y talcen, ar y coesau a'r gynffon, sy'n gwneud i'r cathod Siämaidd hyn ymddangos yn drawiadol o debyg i deigrod bychain. Beth bynnag yw lliw'r pwyntiau, rhaid i gath Siämaidd o'r iawn ryw fod â llygaid glas fel saffir.

Ymledodd poblogrwydd y rhywogaeth hynod hon yn rhwydd iawn o'r bedwaredd ganrif ar bymtheg ymlaen nes tyfu'n gwlt. Rhodia ffurf y cathod hyn, gyda'u llinellau cain a'u symudiadau llyfn, drwy ein diwylliant fel symbol o ryddid gan ymddangos yn hollbresennol fel ysbrydoliaeth i lenorion, artistiaid a cherddorion.

Gwelir lluniau o fenywod ffasiynol gyda chathod Siämaidd o'u hamgylch ac yn eu haddurno, fel petai, o'r 1930au ymlaen, fel yn y ffotograff adnabyddus o Mrs Frederick N Fleitman, a phump o'i chathod Siämaidd ar ôl iddi ennill y wobr gyntaf yn y sioe gathod ryngwladol yn Efrog Newydd yn 1930. Ac roedd y ddawnswraig Anna Pavlova ar flaen y gad fel un o selogion y brid, ac ystwythder y gath yn adlewyrchu ei symudiadau hithau yn y bale, efallai. Ysbrydolwyd Maurice Ravel i gyfansoddi gan ei gath Siämaidd a Pablo Picasso i beintio.

Pan holodd rhyw gyw lenor Aldous Huxley sut i ddod yn nofelydd, ei gyngor oedd: 'to be a psychological novelist and write about human beings, the best thing you can do is to keep a pair of cats'. Ac aeth yn ei flaen i ymhelaethu (maddeuer y dyfyniad hir yn yr iaith wreiddiol):

> Yes, a pair of cats. Siamese by preference; for they are certainly the most 'human' of all the race of cats. Also the strangest, and, if not the most beautiful, certainly the most striking and fantastic. For what disquieting pale blue eyes stare out from the black velvet masks of their faces! Snow-white at birth, their bodies gradually darken to a rich mulatto colour. Their fore-paws are gloved almost to the shoulder like the long black kid arms of Yvette Guilbert... And what strange voices they have! Sometimes like the complaining of small children; sometimes like the noise of lambs; sometimes like the agonized and furious howling of lost souls. Compared with these fantastic creatures, other cats, however beautiful and engaging are apt to seem a little insipid.

Hyfryd yw'r gymhariaeth o'r coesau â menig hirion Yvette Guilbert, y gantores â'r wyneb anghyffredin a beintiwyd sawl gwaith yn y Moulin Rouge gan Toulouse-Lautrec a Théophile Steinlen. Ac fe ymddengys fod sawl llenor arall wedi gweld yr un rhinweddau yn y cathod hyn fel bod eu hawen wedi'i deffro ganddynt, yn eu plith Jean Cocteau, Antonia White, Compton Mackenzie a Patricia Highsmith.

Gwelir cathod Siämaidd yng ngwaith nifer o artistiaid, gan gynnwys Picasso a Cocteau (fel y nodwyd yn barod), a phan nad oedd yn darlunio Tintin a Milou, hoff destun Hergé oedd ei gathod Siämaidd ei hun. Yn bersonol, un o'm hoff luniau o gath Siämaidd yw *Boy With Cat* gan Christopher Wood (1926) sydd i'w weld yn Kettle's Yard, Caergrawnt. Eistedd y dyn ifanc yn gefnsyth ar gadair, ei goesau wedi eu croesi wrth ei draed, ei lygaid gleision yn cyfateb i lygaid yr un mor las y gath Siämaidd ar ei arffed a honno yn amlwg yn 'tylino' ei goesau â'i chrafangau, sydd mor nodweddiadol o gath ddedwydd. Hefyd ceir darlun lliw mewn sialc gan Christopher Wood o ddwy gath Siämaidd yn gorwedd. Fe wnaed y llun hwn yn 1927 mewn arddull sydd bron â bod yn giwbaidd. Roedd Wood, a fu farw yn 1930 yn naw ar hugain oed, yn fwy adnabyddus am ei dirluniau o Gernyw a Llydaw ond fe ellir dadlau bod yr astudiaeth fechan hon gyda'r dehongliad artistig gorau o gathod Siämaidd.

Ac, yn naturiol, mae cathod Siämaidd yn apelio at ffotograffwyr. Ceir ffotograffau nodedig o'r cathod hyn gan Ylla, Thomas Wester, Walter Chandoha ac Alfred Gescheidt.

Nodwyd eisoes fod cathod Siämaidd wedi ymddangos mewn dwy ffilm fu'n andwyol i'r ddelwedd ohonynt, sef *Lady and the Tramp* a *That Darn Cat!* Ond fe'u portreadir mewn goleuni mwy ffafriol yn *The Incredible Journey* (1963) gan Disney a *Bell, Book and Candle*. Yn y ddwy ffilm hyn y cathod yw'r prif gymeriadau a'r prif 'actorion' fel petai. Seiliwyd *The Incredible Journey* ar nofel o'r un enw gan Sheila Burnford ac mae'r ffilm yn glynu'n agos at y stori wreiddiol. Mae dau gi a'r gath Siämaidd o'r enw Tao yn cerdded milltiroedd gyda'i gilydd yn chwilio am eu perchnogion. Mae'n ddirgelwch i mi sut y llwyddodd Disney i gael y gath i gydweithredu yn rhai o'r golygfeydd yn y ffilm heb ei cham-drin yn arw. Mae'r gath yn amddiffyn yr hen ddaeargi tarw Seisnig rhag ymosodiad gan arth gwyllt mewn un olygfa a phryd arall, mewn golygfa frawychus a bythgofiadwy, mae'n disgyn i afon gyflym ac yn goroesi. Mae'n hysbys nawr fod stiwdio Disney wedi gorfodi lemingiaid i neidio i'w marwolaeth er mwyn ategu'r myth fod y llygod hyn yn cyflawni hunanladdiad torfol o bryd i'w gilydd. Felly, nid yw'n amhosibl credu bod y gath, a'r cŵn o ran hynny, wedi cael eu trin yn greulon er mwyn creu drama yn y ffilm. Bid a fo am hynny, cath hardd iawn yw Tao yn y ffilm hon.

Yn 2012, pleidleisiodd *Sight&Sound* taw *Vertigo*, ffilm a wnaed gan Alfred Hitchcock yn y flwyddyn 1958, oedd y ffilm orau yn y byd, a disodlodd *Citizen Kane* gan Orson Welles a fu ar y brig ers degawdau. Yn yr un flwyddyn gwnaeth sêr y ffilm honno, James Stewart a Kim Novak, ffilm arall, sef *Bell, Book and Candle*. Richard Quine oedd y cyfarwyddwr. Mae'n ffilm od iawn. Yn seiliedig ar ddrama lwyfan lwyddiannus gan John van Druten, comedi ramantus – nad yw'n ddoniol iawn – ydyw, am wrach fodern (Novak) sydd mewn perygl o golli'i phwerau hud a lledrith wrth gwympo mewn cariad â Stewart. Cath Siämaidd o'r enw Pyewacket yw ei dyfyn-ysbryd. Wrth i Novak gael ei chyfareddu gan James Stewart, mae'r gwrcath yn ymadael â hi – pwy all ei feio? Mae'r enw Pyewacket yn ddiddorol gan ei fod yn enw cath go-iawn a oedd yn ddyfyn-ysbryd honedig i fenyw a gyhuddwyd o fod yn wrach yn 1644. Beth bynnag am y stori serch glogyrnaidd, seren y ffilm yw'r gath – mae'n anodd credu bod y ddau actor dynol newydd orffen campwaith o ffilm fel *Vertigo*. Mae i'r gwrcath hynod o olygus hwn yr un ymarweddiad hunandybus a ffroenuchel ag un o feirniaid ein cystadlaethau llenyddol dirifedi, er nad yw ef, mwy na hwythau, yn gallu ysgrifennu nofel na chyfrol o storïau byrion.

Ond i lenyddiaeth y mae cathod Siämaidd wedi gwneud eu cyfraniad mwyaf. Wrth gwrs, er bod y cathod hyn yn ymddangos fel cymeriadau ymylol mewn gweithiau fel y stori fer 'Mel's Secret Love' gan Emyr Humphreys, nid ydynt yn chwarae rhan allweddol yn y ddrama, yn hytrach rhan o'r tirlun neu'r cefndir ydynt. Ond mewn storïau fel 'The Siamese Cat' gan George Goodchild a *The*

Mystery of the Disappearing Cat gan Enid Blyton, mae'r gath yn rhan annatod o'r stori. Ymhlith y gweithiau gorau â chath Siämaidd yn brif gymeriad ceir 'Ming's Biggest Prey' gan Patricia Highsmith. Yn y stori hon (sydd yn ddyledus i *La Chatte*, nofel fer gan Colette, lle mae'r gath yn Chartreux ac nid yn Siämaidd, yn anffodus) mae'r gwrcath yn gorfod ei amddiffyn ei hun rhag ystrywiau'r gŵr annymunol sy'n caru ei feistres. Mae'r carwr yn ceisio niweidio Ming sawl gwaith ond, yn y diwedd, Ming sy'n ei arwain ef i'w ddistryw ei hun. Nid yw Highsmith yn dweud yn y stori taw cath Siämaidd yw Ming ond mae'n amlwg i'r sawl sy'n gyfarwydd â'r brid: 'Ming relaxed completely, as he might do preparatory to a yawn, and this caused his eyes to cross.'

Yna, ceir testunau sydd yn sôn am gathod Siämaidd yn benodol, er enghraifft mewn gweithiau ffeithiol fel *The Governor's Cat* (1992), cyfrol a luniwyd gan Syr William Jackson (llywodraethwr Gibraltar 1978–1982) am ei gath Solo a gyfarfu â phwysigion mawr y byd, a chyfres o lyfrau am gathod Siämaidd a'u hanturiaethau gan Doreen Tovey, gan ddechrau gyda *Cats in the Belfry* (1957). Er mor ddifyr y gall storïau Doreen Tovey fod, fe synhwyrir weithiau ei bod hi'n pentyrru ac yna'n ymestyn castiau'r cathod direidus er mwyn creu effaith ddramatig. Ond un o'r gweithiau gorau am gath Siämaidd – yn wir, mae'n dipyn o gampwaith

– yw *Charles: The Story of a Friendship* (1943) gan y cyhoeddwr adnabyddus Michael Joseph. Mae'r stori dyner hon, am y berthynas agos rhwng dyn a'i deulu a'i gath dros gyfnod o ddeuddeng mlynedd, yn hynod o deimladwy. Yn ystod yr Ail Ryfel Byd, a Joseph yn swyddog gyda'r Queen's Own Royal West Kent Regiment, aeth Charles i'r fyddin gyda'i feistr:

> He had no regard for the dignity of sergeant-majors. Many a time I came into the compay office to find the CSM standing up and Charles asleep on his chair. When I told the sergeant-major to turn him off, he shook his head. 'No, sir,' he said. 'That cat, sir – that cat keeps looking at me when he wants the chair, and I haven't the heart.'

Dengys y llyfr hwn fod y berthynas rhwng cath a bod dynol, weithiau, yn gallu bod yn un ddofn iawn. Nid yr hyn a wna Charles sy'n bwysig i Joseph, nid ei driciau na'i allu rhyfeddol sydd i'w gyfrif am ei werth arbennig iddo, eithr ei bresenoldeb syml sydd yn effeithio arno, a hynny, ar lefel delepathig bron. Ar ddiwedd y llyfr, wedi marwolaeth Charles, dywed Joseph: 'For me there will never be another cat like Charles. With him I came nearer than I have ever been, or ever shall be, to bridging the gulf which divides us from the so-called dumb animals. Many of my happiest hours were spent in his company, for there was communion between us.'

Hyd y gwelaf i, prin iawn yw'r 'cathmyn' o Gymry ac, o ganlyniad, ychydig o sôn am gathod sydd yn ein llên. Er i gath gael ei hanfon yn llatai unwaith ac y ceir cân am 'Ymadawiad Cwrcath' gan Waldo, ni welodd lawer o lenorion Cymraeg botensial cathod i gynrychioli dirgelwch a phethau enigmatig. A sôn am gathod Siämaidd yn benodol ydw i. Fe lwyddais i ddod o hyd i ddwy enghraifft. Yn ei chofiant i'w gŵr mae Hettie Glyn Davies yn cynnwys llun o John Glyn Davies, ei gap pig gloyw ar ei ben a chath Siämaidd ar ei arffed. Yna, yn *Sawl Math o Gath* gan Gwyn Thomas, mae'r ail gath, Babette, yn ôl y darlun ohoni gan Jac Jones, yn gath Siämaidd, er nad yw hynny'n cael ei ddweud yn y stori amdani yn y llyfr. Cath fursennaidd, anodd ei phlesio yw Babette ('Siamese if you don't please'), sy'n meddwl yn Ffrangeg, yn mynnu cael sgarff o siop y dref, er nad yw'n gallu cael sgarff Givenchy nac Yves Saint Laurent. Er mor ddymunol yw'r gyfrol hon, yr unig waith creadigol am gathod y gwn i amdano yn Gymraeg, prin fod y cathod yn gathod; personoliaethau anthropomorffig sydd ganddyn nhw ac mae'r darluniau yn ategu hynny, gyda'r cathod yn sefyll â bronnau a chyrff benywaidd. Cimerâu ydyn nhw, hanner ffordd rhwng bodau dynol a chathod. Wedi dweud hynny, yn ei chân

mae Babette yn mynegi'r hyn y mae pob cath
Siämaidd yn ei wybod ac yn ei gredu:

Rydw i'n well na phawb yn y byd,
O rydw-i'n hoffi Fi.

Llyfryddiaeth

Michael Joseph, *Charles: The Story of a Friendship*, 1943
Phyllis Lauder, *Siamese Cats*, 1950
Hettie Glyn Davies, *Hanes Bywyd John Glyn Davies (1870–1953)*, 1965
The Book of Cats, gol. George MacBeth a Martin Booth, 1979
The Vintage Book of Cats, gol. Francis Wheen, 1993
Sally Franklin, *The Complete Siamese*, 1995
Gwyn Thomas, *Sawl Math o Gath*, 2002

Diolch

Oni bai am fanwl gywirdeb a thrylwyredd Meleri Wyn James, a aeth ar ôl pob dyfyniad a phob cyfeiriad, fe fyddai'r gwaith hwn yn frith o lithriadau ffeithiol, felly, mae fy nyled iddi yn fawr. Diolch hefyd i Marian Beech Hughes am ei gwaith gofalus wrth olygu'r testun. Y mae pob llithriad a erys yn eiddo i mi.

Hefyd o'r Lolfa:

£7.95

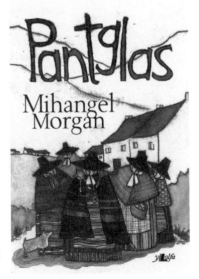

£8.95

Am restr gyflawn o lyfrau'r Lolfa, mynnwch
gopi am ddim o'n catalog
neu hwyliwch i mewn i'n gwefan

www.ylolfa.com

lle gallwch archebu llyfrau ar-lein.

TALYBONT CEREDIGION CYMRU SY24 5HE
ebost ylolfa@ylolfa.com
gwefan www.ylolfa.com
ffôn 01970 832 304
ffacs 832 782